Die Beiladung in Verfahren des einstweiligen Rechtsschutzes

# Europäische Hochschulschriften

Publications Universitaires Européennes

European University Studies

**Reihe II**
**Rechtswissenschaft**

Série II Series II

Droit

Law

**Bd./Vol. 3391**

PETER LANG

Frankfurt am Main · Berlin · Bern · Bruxelles · New York · Oxford · Wien

Chien-hung Liu

# Die Beiladung in Verfahren des einstweiligen Rechtsschutzes

PETER LANG
Europäischer Verlag der Wissenschaften

Die Deutsche Bibliothek - CIP-Einheitsaufnahme

Liu, Chien-hung:

Die Beiladung in Verfahren des einstweiligen Rechtsschutzes / Chien-hung Liu. - Frankfurt am Main ; Berlin ; Bern ; Bruxelles ; New York ; Oxford ; Wien : Lang, 2002
(Europäische Hochschulschriften : Reihe 2, Rechtswissenschaft ; Bd. 3391)
Zugl.: Freiburg (Breisgau), Univ., Diss., 2001
ISBN 3-631-38681-8

Gedruckt auf alterungsbeständigem,
säurefreiem Papier.

D 25
ISSN 0531-7312
ISBN 3-631-38681-8



Printed in Germany 1 2 3 4 5 7

www.peterlang.de

**meinen Eltern**

## Vorwort

Die vorliegende Arbeit wurde im Sommersemester 2001 als Dissertation der Rechtswissenschaftlichen Fakultät der Albert-Ludwigs-Universität Freiburg i. Br. angenommen.

Besonderer Dank gilt meinem verehrten Doktorvater, Herrn Prof. Dr. Thomas Würtenberger, der nicht nur das Thema dieser Arbeit anregte und die bestmöglichen Voraussetzungen für deren Erstellung schuf, sondern sich auch um meine privaten Probleme während des Studiums kümmerte. Dank seiner fachlichen Unterstützung und freundlichen Ermutigung ist es mir gelungen, diese Arbeit zu Ende zu bringen.

Desweiteren bin ich Herrn Professor Dr. Michael Fehling, der mir das kritisch-wohlwollende Zweitgutachten sehr rasch erstellt hat, zu Dank verpflichtet.

Herzlich bedanken möchte ich mich auch bei Herrn Wissenschaftlichen Assistenten Dr. Ralf Peter Schenke für seine zahlreichen kritischen Hinweise und seine Geduld beim Korrekturlesen.

Meinem ehemaligen Kommilitonen, Herrn Assistenzprofessor Dr. Hsin-hua Wu, möchte ich für seine moralische Unterstützung und großzügige finanzielle Hilfe danken.

Schließlich danke ich in Liebe meiner Freundin, B.A., Cambridge und LL.M., N.Y.U., Frau Betty Chen-Pei Liang, Esq., die mich nicht nur in guten Zeiten begleitet, sondern gerade auch in schlechten Zeiten ermutigt hat.

# Inhaltsverzeichnis

# Abkürzungsverzeichnis

| | |
|---|---|
| A. A. | anderer Ansicht |
| aaO | am angegebenen Ort |
| ABl | Amtsblatt |
| Abs. | Absatz |
| AcP | Archiv für civilistische Praxis |
| AG | Aktiengesellschaft |
| AK-GG | Alternativkommentar zum Grundgesetz |
| AktG | Aktiengesetz |
| Anm. | Anmerkung |
| AöR | Archiv des öffentlichen Rechts |
| Art. | Artikel |
| AsylVfG | Asylverfahrensgesetz |
| Aufl. | Auflage |
| AuslG | Gesetz über die Einreise und den Aufenthalt von Ausländern im Bundesgebiet |
| Bad.-Württ. | Baden-Württemberg |
| BAG | Bundesarbeitsgericht |
| BauGB | Baugesetzbuch |
| BauGBMaßnG | Maßnahmengesetz zum Baugesetzbuch |
| BauROG | Bau- und Raumordnungsgesetz |
| BayVBl. | Bayerische Verwaltungsblätter |
| BayVGH | Bayerischer Verwaltungsgerichtshof |
| BB | Der Betriebs-Berater |
| BBauG | Bundesbaugesetz |
| Bd. | Band |
| BFHE | Entscheidungen des Bundesfinanzhofs |
| BFH/NV | Sammlung amtlich nicht veröffentlichter Entscheidungen des Bundesfinanzhofs |
| BGB | Bürgerliches Gesetzbuch |

| | |
|---|---|
| BGBl. | Bundesgesetzblatt |
| BGH | Bundesgerichtshof |
| BGHZ | Entscheidungen des BGH in Zivilsachen |
| BImSchG | Bundes-Immissionsschutzgesetz |
| BRS | Baurechtssammlung, Rechtsprechung des BVerwG, der OVGe der Länder und anderer Gerichte zum Bau- und Bodenrecht |
| BSG | Bundessozialgericht |
| BT-Drs. | Bundestags-Drucksache |
| BVerfG | Bundesverfassungsgericht |
| BVerfGE | Entscheidungen des Bundesverfassungsgerichts |
| BVerwG | Bundesverwaltungsgericht |
| BVerwGE | Entscheidungen des Bundesverwaltungsgerichts |
| BVFG | Bundesvertriebenengesetz |
| bzw. | beziehungsweise |
| CR | Computer und Recht |
| DB | Der Betrieb |
| ders./dies. | derselbe/dieselbe |
| d.h. | das heißt |
| DÖV | Die öffentliche Verwaltung |
| DVBl. | Deutsches Verwaltungsblatt |
| E | Entscheidungen |
| EntlastG | Gesetz zur Entlastung der Gerichte in der Verwaltungs- und Finanzgerichtsbarkeit |
| ET | Energiewirtschaftliche Tagesfragen |
| f.; ff. | folgende |
| FamRZ | Zeitschrift für das gesamte Familienrecht |
| FG | Finanzgericht |
| FGO | Finanzgerichtsordnung |
| Fn. | Fußnote |
| FS | Festschrift |
| FStrG | Bundesfernstraßengesetz |

| | |
|---|---|
| GBl | Gesetzblatt |
| gem. | gemäß |
| GenG | Genossenschaftsgesetz |
| GmbH | Gesellschaft mit beschränkter Haftung |
| GmbHG | Gesetz betreffend die Gesellschaften mit beschränkter Haftung |
| GS | Gesetzsammlung |
| GVBl. | Gesetz- und Verordnungsblatt |
| HambOVG | hamburgisches Oberverwaltungsgericht |
| HbdStR | Handbuch des Staatsrechts |
| HessVGH | hessischer Verwaltungsgerichtshof |
| Hg. | Herausgeber |
| HGB | Handelsgesetzbuch |
| h. L. | herrschende Lehre |
| h. M. | herrschende Meinung |
| Hs. | Halbsatz |
| idF | in der Fassung |
| iSd. | im Sinne des/der |
| i. V. m. | in Verbindung mit |
| JW | Juristische Wochenschrift |
| JA | Juristische Arbeitsblätter |
| KG | Kommanditgesellschaft |
| JöR | Jahrbuch des öffentlichen Rechts der Gegenwart |
| JuS | Juristische Schulung |
| JZ | Juristenzeitung |
| LVG | Landesverwaltungsgesetz |
| MDR | Monatsschrift für deutsches Recht |
| MRVO | Militärregierungsverordnung |
| m. w. N. | mit weiteren Nachweisen |
| NamensÄndG | Namensänderungsgesetz |
| NF | Neue Folge |

| | |
|---|---|
| NJW | Neue Juristische Wochenschrift |
| NVwZ | Neue Zeitschrift für Verwaltungsrecht |
| OHG | Offene Handelsgesellschaft |
| OVG | Oberverwaltungsgericht |
| PartG | Parteiengesetz |
| PrOVG | Preußisches Oberverwaltungsgericht |
| PrOVGE | Entscheidungen des Preußischen Oberverwaltungsgerichts |
| RG | Reichsgericht |
| RGBl | Reichsgesetzblatt |
| RGZ | Entscheidungen des Reichsgerichts in Zivilsachen |
| RiA | Recht im Amt |
| Rn. | Randnummer |
| S. | Seite/Satz |
| SchfG | Schornsteinfegergesetz |
| SchfV | Schornsteinfegerverordnung |
| SGb | Die Sozialgerichtsbarkeit |
| SGG | Sozialgerichtsgesetz |
| sog. | sogenannt |
| StVO | Straßenverkehrsordnung |
| u. a. | und andere/unter anderem |
| u. U. | unter Umständen |
| Var. | Variante |
| VerwArch. | Verwaltungsarchiv |
| VBl | Verordnungsblatt |
| VG | Verwaltungsgericht |
| VGG | Gesetz bzw. Gesetze über die Verwaltungsgerichtsbarkeit |
| VGH | Verwaltungsgerichtshof |
| vgl. | vergleiche |
| Vorb | Vorbemerkungen |

| | |
|---|---|
| VR | Verwaltungsrundschau |
| VVG | Gesetz über den Versicherungsvertrag |
| VVDStRL | Veröffentlichungen der Vereinigung der Deutschen Staatsrechtslehrer |
| VwGO | Verwaltungsgerichtsordnung |
| VwGOÄndG | Gesetz zur Änderung der Verwaltungsgerichtsordnung |
| WEG | Wohnungseigentumsgesetz |
| WPflG | Wehrpflichtgesetz |
| z.B. | zum Beispiel |
| ZBR | Zeitschrift für Beamtenrecht |
| ZfS | Zentralblatt für Sozialversicherung, Sozialhilfe und Versorgung |
| ZRP | Zeitschrift für Rechtspolitik |
| z.T. | zum Teil |

# I. Einleitung

Die Beiladung war im Verwaltungsprozessrecht seit Beginn des vergangenen Jahrhunderts vielfach Gegenstand monographischer Untersuchungen[1]. In der jüngsten Zeit nimmt das rechtswissenschaftliche Interesse aber deutlich ab[2], da die überkommene Problematik der Beiladung, die seit der Entstehung des Rechtsinstitutes bestand[3], durch die vielfältigen Bemühungen in Literatur und Rechtsprechung nun weitgehend gelöst worden ist.

Dabei ist man sich über die wesentlichen Fragen der Beiladung, wie z.B. der Kriterien für die Unterscheidung zwischen der einfachen und der notwendigen Beiladung[4], dem Verhältnis zur notwendigen Streitgenossenschaft[5] sowie des Anwendungsbereichs der notwendigen Beiladung im Hauptsacheverfahren[6] grundsätzlich einig. Dagegen hat eine neu entstandene Problematik, nämlich die Frage der Beiladung in den Verfahren des vorläufigen Rechtsschutzes, die wegen der zunehmenden Bedeutung des vorläufigen Rechtsschutzes und der

---

[1] So sind dem Thema seit 1910 eine Vielzahl von Dissertationen gewidmet werden, vgl. etwa *Hüttenheim,* Die Beiladung im Verwaltungsstreitverfahren, 1910; *Mohrmann,* Die Beiladung im Verwaltungsstreitverfahren, 1910; *Müller,* Die Beiladung im Verwaltungsstreitverfahren, 1955; *Müncks*, Die Beiladung im Verwaltungsstreitverfahren, 1956; *Linkenheil*, Die Beiladung im Verwaltungsstreitverfahren, 1963; *Bichler*, Die notwendige Beiladung, 1966; *Roßmann*, Die Beiladung im Zivilprozess, 1967; *Stahl*, Beiladung und Nebenintervention, 1972; *Stettner*, Das Verhältnis der notwendigen Beiladung zur notwendigen Streitgenossenschaft im Verwaltungsprozess, 1974; *Lammenett,* Nebenintervention, Streitverkündung und Beiladung, 1976; *Selle*, Die Verfahrensbeteiligung des notwendigen Streitgenossen und des notwendig Beigeladenen, 1976; *Joeres*, Die Rechtsstellung des notwendigen Beigeladenen im Verwaltungsstreitverfahren, 1982; *Schäfer*, Die Beiladung im Sozialgerichtsverfahren, 1983; *Nottbusch,* Die Beiladung im Verwaltungsprozess, 1995.

[2] Seit Mittel der 1980er Jahre nur *Nottbusch*, Die Beiladung im Verwaltungsprozess, 1995.

[3] Vgl. zur Entwicklungsgeschichte der notwendigen Beiladung und der damit verbundenen Probleme ausführlich unten II. 1.

[4] Zur Definition der einfachen und notwendigen Beiladung siehe unten I. 3.

[5] Vgl. dazu ausführlich die Darstellung bei *Bier*, in: Schoch/Schmidt-Aßmann/Pietzner, VwGO, § 65 Rn. 17; *Stahl*, Beiladung und Nebenintervention, S. 83 ff.

[6] Die notwendige Beiladung findet ihre Anwendung hauptsächlich bei angefochtenen Verwaltungsakten mit Doppelwirkung, drittbelastenden Verpflichtungsklagen und Verpflichtungsklagen auf sog. mehrstufige Verwaltungsakte, vgl. *Bier*, in: Schoch/Schmidt-Aßmann/Pietzner, VwGO, § 65 Rn. 18 ff.; *Kopp/Schenke*, VwGO, § 65 Rn. 17 ff.; *Würtenberger*, Verwaltungsprozessrecht, Rn. 226 ff.

Ausweitung der Beiladung immer wichtiger geworden ist, ersichtlich weniger Beachtung gefunden. Sie ist Thema der vorliegenden Untersuchung.

## 1. Einführung in die Problemstellung

### a) Der Bedeutungszuwachs des vorläufigen Rechtsschutzes im Zuge einer gestiegenen Verfahrensdauer

Der vorläufige Rechtsschutz ist zur Sicherung der Rechtsschutzgarantie verfassungsrechtlich[7] geboten. Art. 19 Abs. 4 GG gewährt dem Bürger nicht nur eine theoretisch bestehende Klagemöglichkeit gegen jeden Eingriff der öffentlichen Gewalt, sondern einen wirksamen, effektiven Rechtsschutz[8]. Die Effektivität des Rechtsschutzes ist aber ganz entscheidend von seiner Rechtzeitigkeit abhängig. Kommt der Rechtsschutz zu spät – etwa weil eine Regelung schon unumkehrbar vollzogen ist oder weil die beantragte Erlaubnis schon wegen des Zeitablaufs keinen Sinn mehr macht – läuft die Rechtsschutzgarantie des Art. 19 Abs. 4 GG ins Leere[9]. Aufgrund des verfassungsrechtlichen Gebotes des Art. 19 Abs. 4 GG hat der Gesetzgeber das Rechtsinstitut des vorläufigen Rechtsschutzes geschaffen. Dabei wird in der Anfechtungssituation der Vollzug eines Verwaltungsaktes unterbunden und die Folge seines Vollzuges gegebenenfalls rückgängig gemacht (§§ 80, 80a VwGO) oder eine vorläufige gerichtliche Anordnung im Hinblick auf einen beim Verwaltungsgericht anhängigen oder anhängig zu machenden Rechtsstreit erstrebt (§ 123 VwGO)[10].

---

[7] Die h. M. geht davon aus, dass der vorläufige Rechtsschutz seine verfassungsrechtliche Legitimation in Art. 19 Abs. 4 GG hat; vgl. *Schmidt*, in: Eyermann, VwGO, § 80 Rn. 1; *Hufen*, Verwaltungsprozessrecht, § 31 Rn. 2; *Lorenz*, Verwaltungsprozessrecht, § 27 Rn. 2; *Schenke*, Verwaltungsprozessrecht, Rn. 936; *Schoch*, in: Schoch/Schmidt-Aßmann/Pietzner, VwGO, Vorb § 80 Rn. 9 ff.; *Tettinger/Wahrendorf*, Verwaltungsprozessrecht, § 23 Rn. 1; *Würtenberger*, Verwaltungsprozessrecht, Rn. 3, 480.

[8] *Schoch*, in: Schoch/Schmidt-Aßmann/Pietzner, VwGO, Vorb § 80 Rn. 9 ff.; *Würtenberger*, Verwaltungsprozessrecht, Rn. 3.

[9] *Hufen*, Verwaltungsprozessrecht, § 31 Rn. 2; zu Bedeutung der Rechtsschutzgarantie des Art. 19 Abs. 4 GG bei Fällen der Erledigung der Hauptsache vgl. *Schenke*, Der Erledigungsrechtsstreit im Verwaltungsprozess, S. 124 ff.

[10] *Würtenberger*, Verwaltungsprozessrecht, Rn. 479.

Seit Jahrzehnten ist ein andauernder Bedeutungszuwachs des vorläufigen Rechtsschutzes zu verzeichnen[11]. Die Ursache dieses Phänomens liegt hauptsächlich in der ständig gestiegenen und weiter steigenden Inanspruchnahme der Verwaltungsgerichte[12]. Diese „lawinenartig angewachsene Inanspruchnahme aller Instanzenzüge“[13] führt zur Überlastung der Verwaltungsgerichtsbarkeit und hat eine überlange Verfahrensdauer[14] im Hauptsacheverfahren zur Folge[15]. Der verzögerlich bis verspätet gewährte Rechtsschutz im Hauptsacheverfahren führt zu einer immer stärkeren Inanspruchnahme des vorläufigen Rechtsschutzes. Dieses Phänomen tritt ganz deutlich zutage, soweit der Entscheidungsgegenstand im Hauptsacheverfahren zeitabhängig ist und schon allein wegen Zeitablaufs seinen Sinn verliert. Da der Betroffene die endgültige Gerichtsentscheidung im regulären Hauptsache-

---

[11] Nach *Pagenkopf* hat sich der vorläufige Rechtsschutz insbesondere in den letzten 20 Jahren zu einem „Kernstück des Verwaltungsprozesses“ entwickelt; vgl. *ders.*, DVBl. 1991, 285 (291); zustimmend *Dressel*, BayVBl. 1995, 388 (389); *Redeker* bemerkt, dass dem vorläufigen Rechtsschutz in der verwaltungsgerichtlichen Praxis zentrale Bedeutung zukommt und mit dem Bedeutungswandel des vorläufigen Verfahrens 1960 niemand hat rechnen können, vgl. *ders.*, NVwZ 1991, 526; 1992, 713 (714); ebenso *Brühl*, JuS 1995, 627; *Vahle*, VR 1992, 117.

[12] Die steigende Inanspruchnahme der Verwaltungsgerichte hat unterschiedliche historische Hintergründe und ist zugleich ein Spiegelbild des sozialen Wandels. In den ersten Jahren nach dem 2. Weltkrieg waren Gegenstand von Verwaltungsprozessen vor allem die rechtliche Behandlung von Vertriebenen, das Lastenausgleichsrecht und die Entschädigung für erlittene Kriegsgefangenschaft, Kriegs- und Besatzungsschäden. Ende der 60er Jahre – aufgrund der immer schneller sich vermehrenden Staatsaufgaben und der sich rapide steigernden technischen Entwicklung – stieg die Zahl von Entscheidungen in Masse- und Großverfahren dramatisch an, deren Gegenstand äußerst komplexe Verwaltungsentscheidungen über Verkehrsanlagen, Studienkapazitäten oder Kraftwerke waren. Ende der 80er Jahre und Anfang der 90er Jahre führten die Asylverfahren zu einer erneut deutlich höheren Arbeitsbelastung der Verwaltungsgerichte, bei denen 1993 mehr als 130.000, 1994 mehr als 170.000 Prozesse anhängig waren, vgl. *Würtenberger*, Verwaltungsprozessrecht, Rn. 66 m. w. N.

[13] Vgl. *Bickel/Meyer*, in: Rüthers/Stern, Freiheit und Verantwortung im Verfassungsstaat, S. 67; dort wurde auch von einer „Verfahrensflut“, „Prozeßflut“ und „Klagenschwemme“ gesprochen, vgl. *Buschmann*, RiA 1984, 222 (223); *Hill*, JZ 1981, 805; *Starck*, ZRP 1979, 209; vgl. auch *Schoch*, Vorläufiger Rechtsschutz, S. 165 f.

[14] Ein Verwaltungsprozess dauert regelmäßig in der ersten Instanz schon ein bis zwei Jahre, durch alle Instanzen hindurch im Durchschnittswert nicht selten sechs Jahre; vgl. *Brühl*, JuS 1995, 627; vgl. auch *Schoch*, Vorläufiger Rechtsschutz und Risikoverteilung im Verwaltungsrecht, S. 173 m. w. N.

[15] *Schoch*, Vorläufiger Rechtsschutz und Risikoverteilung im Verwaltungsrecht, S. 172.

verfahren nicht abwarten kann, sucht er um vorläufigen Rechtsschutz nach, um eine sicherstellende Zwischenregelung zu erhalten[16].

Die lange Dauer des Hauptsacheverfahrens bildet sicherlich die wesentlichste Ursache für die vermehrte Inanspruchnahme vorläufigen Rechtsschutzes. Darüber sind aber noch weitere Faktoren bedeutsam. So führen die Verfahren des vorläufigen Rechtsschutzes wesentlich schneller und kostengünstiger zu einer richterlichen Entscheidung, die in der Regel bereits hinreichenden Aufschluss über die rechtliche Beurteilung des Streitgegenstandes durch das Verwaltungsgericht gibt. Daher werden die Verfahren des vorläufigen Rechtsschutzes zunehmend als Ersatz für das Klageverfahren genutzt[17]. Daneben erscheint die Inanspruchnahme vorläufigen Rechtsschutzes bei dem trigonalen Verwaltungsrechtsverhältnis Genehmigungsempfänger-Staat-Dritter vielfach nahezu unausweichlich. Fast jede Genehmigung eines umweltrelevanten Großvorhabens wird angefochten. Dies ist den Behörden bekannt; daher ordnen sie regelmäßig die sofortige Vollziehung an. Deswegen ist der Dritte ebenfalls gezwungen, sich an die Verwaltungsgerichte[18] um vorläufigen Rechtsschutz zu wenden, um über das gerichtliche Aussetzungsverfahren die aufschiebende Wirkung seines Rechtsbehelfs wiederherstellen zu lassen[19].

Dem vorläufigen Rechtsschutz kommt in der verwaltungsgerichtlichen Praxis so eine stetig wachsende Bedeutung zu.

### b) Die Ausweitung der Beiladung als Folge der Subjektivierung der Rechtsordnung

In den letzten Jahrzehnten hat sich der Anwendungsbereich der Beiladung sehr weit auf viele Gebiete des Besonderen Verwaltungsrechtes ausgeweitet[20]. Dies folgt letztlich aus der Tendenz zur Subjektivierung der Rechtsordnung.

---

[16] *Schoch*, Vorläufiger Rechtsschutz und Risikoverteilung im Verwaltungsrecht, S. 174 f.

[17] *Brühl*, JuS 1995, 627.

[18] Zur Frage, ob in den Drittanfechtungsfällen generell ein Antrag bei der Verwaltung gestellt werden muss oder unmittelbar der Weg zum Verwaltungsgericht bestritten werden kann, vgl. *Dolde*, in: Schoch/Schmidt-Aßmann/Pietzner, VwGO, § 68 Rn. 16 ff.; *Kopp/Schenke*, VwGO, § 68 Rn. 29; *Weides*, Verwaltungsverfahren und Widerspruchsverfahren, S. 251 ff.

[19] *Schoch*, Vorläufiger Rechtsschutz und Risikoverteilung im Verwaltungsrecht, S. 178.

[20] Die Rechtsprechung zur einfachen Beiladung ist kaum mehr überschaubar, vgl. etwa die zahlreichen Nachweise bei *Bier*, in: Schoch/Schmidt-Aßmann/Pietzner, VwGO, § 65 Rn. 13. Auch die notwendige Beiladung hat ihren Anwendungsbereich deutlich ausgeweitet. Während in den 50er Jahren die Hauptanwendungsfälle der notwendigen Beiladung

Das öffentliche Recht statuiert primär objektive Pflichten der Verwaltung. Dabei wird aber nicht irgendwelchen abstrakten staatlichen Interessen gedient. Im Kern geht es um Ausgleichs- und Konfliktentscheidungen bei Kollisionen von privaten und öffentlichen Interessen[21]. Anders als das Privatrecht vereinfacht das öffentliche Recht die unübersehbare Vielfalt wechselseitiger Interessenkonflikte zwischen Privaten dadurch, dass es die Interessen vieler oder aller zu sog. öffentlichen Interessen erhebt, die ihrem Ursprung nach aggregierte Interessen der einzelnen sind. So werden die ursprünglich vielfältigen horizontalen Konflikte in die vertikale Richtung, nämlich in den Konflikt einzelner gegen den Staat überführt[22].

Das öffentliche Recht kann das Potential der ursprünglich horizontalen Konflikte aber nicht vollständig in die vertikale Richtung transformieren, da nicht alle Eigenarten der individuellen Interessenkonflikte erfasst werden, insbesondere wenn es um die Interessen des Dritten geht, der im ursprünglichen Horizontalverhältnis vom Handeln eines Privaten betroffen wurde. Deswegen geben seit langem zahlreiche verwaltungsrechtliche Normen der Verwaltung ausdrücklich die Berücksichtigung von privaten Belangen Dritter auf und weisen diesem ein subjektives öffentliches Recht zu, damit er die Beachtung seiner privaten Interessen durch die Verwaltung gerichtlich überprüfen lassen kann[23].

Als prozessuales Instrument der „multipolaren Konfliktschlichtung[24]" ermöglicht es die Beiladung den Beteiligten, die im Zuge der Subjektivierung der Rechtsordnung eine eigene Rechtsstellung gegenüber der Verwaltung erhalten haben, ihre Interessen vor Gericht selbst zur Geltung zu bringen und entsprechenden Einfluss auszuüben. Damit hat sich der Anwendungsbereich der

---

Anfechtungsklagen von privatrechtsgestaltenden Verwaltungsakten mit Drittwirkung im Bereich der Wohnraumbewirtschaftung und des Mietpreiserhöhungsrechtes waren, erstreckt sie sich heute u. a. auf die Gebiete des Ausländer- und Asylrechtes, Baurechtes, Beamtenrechtes, Immissionsschutzrechtes, Kommunalrechtes, Planungsrechtes, Polizeirechtes, Schulrechtes, Straßenverkehrsrechtes, Subventionsrechtes und des Wettbewerbsrechtes usw., vgl. dazu die ausführliche Darstellung der verschiedenen Anwendungsfälle bei *Kopp/Schenke*, VwGO, § 65 Rn. 17 ff.

[21] „Der Staat ist um des Menschen willen da, nicht der Mensch um des Staates willen", so die Formulierung in Art. 1 Abs. 1 des Herrenchiemseer-Entwurfs, zitiert nach *von Doemming/Füsslein/Matz*, JöR NF I, S. 48; eingehend *Bleckmann*, Staatsrecht I – Staatsorganisationsrecht, Rn. 165 ff.; vgl. den Hinweis bei *Wahl*, in: Schoch/Schmidt-Aßmann/Pietzner, VwGO, Vorb § 42 Abs. 2 Rn. 55 Fn. 91.

[22] *Wahl*, in: Schoch/Schmidt-Aßmann/Pietzner, VwGO, Vorb § 42 Abs. 2 Rn. 55 ff.

[23] *Wahl*, in: Schoch/Schmidt-Aßmann/Pietzner, VwGO, Vorb § 42 Abs. 2 Rn. 61 ff.

[24] *Schmidt-Preuß*, Kollidierende Privatinteressen im Verwaltungsrecht, S. 1.

Beiladung aufgrund der Tendenz zur Subjektivierung der Rechtsordnung auf viele Gebiete des Besonderen Verwaltungsrechtes ausgeweitet.

### c) Das Forschungsdefizit für die Problematik der Beiladung in den Verfahren des vorläufigen Rechtsschutzes

Nimmt man die beiden oben skizzierten Phänomen zusammen, so ist es erstaunlich, dass die Problematik der Beiladung in Verfahren des vorläufigen Rechtsschutzes bisher noch nicht näher untersucht worden ist[25]. Über die Gründe dieses Forschungsdefizits kann nur spekuliert werden. Zu vermuten ist, dass die Rechtsprechung zunächst glaubte, sich für die Problematik der Beiladung in den Verfahren des vorläufigen Rechtsschutzes weitgehend an den für das Hauptsacheverfahren geltenden Grundsätzen orientieren zu können. Wird in der neueren Literatur und zunehmend aber auch in der Rechtsprechung der eigenständige Gehalt des vorläufigen Rechtsschutzes betont, ist dieser Ansatz jedoch zunehmend fragwürdig geworden[26].

### d) Ungelöste Fragestellungen

Bei der Anwendung der Beiladung in Verfahren des vorläufigen Rechtsschutzes sind zumindest zwei wichtige Grundfragen bislang ungelöst:

#### *aa) Die Beziehung der Beiladung im vorläufigen Rechtsschutz zum Hauptsacheverfahren: Parallelität der Verfahrensstellung oder Eigenständigkeit des vorläufigen Rechtsschutzes*

Zunächst stellt sich die Frage, in welcher Beziehung die Beiladung in Verfahren des vorläufigen Rechtsschutzes zum Hauptsacheverfahren steht.

Geht man davon aus, dass die Beiladung in Verfahren des vorläufigen Rechtsschutzes im Vergleich zum Hauptsacheverfahren durch eine identische Interessenlage gekennzeichnet ist, so sollten – so die allgemeine Ansicht in der Rechtsprechung – die Grundsätze für die Beiladung im Hauptsacheverfahren ipso iure auch für die Verfahren des vorläufigen Rechtsschutzes gelten und die

---

[25] Zur bisherigen Behandlung dieser Problematik in der Literatur und der Rechtsprechung siehe unten III. 1.

[26] Vgl. dazu ausführlich unten III. 1.

Beigeladenen im Hauptsacheverfahren auch im Verfahren des vorläufigen Rechtsschutzes beigeladen sein[27].

Gegen diese These der Rechtsprechung spricht aber, dass die Verfahren des vorläufigen Rechtsschutzes gegenüber den Hauptsacheverfahren prozedurale und inhaltliche Selbständigkeit besitzen. Damit stellen sie rechtlich selbständige Verfahren dar[28]. Allein aufgrund dieser rechtlichen Selbständigkeit ist bereits zweifelhaft, warum die Beiladung, die im Hauptsacheverfahren stattgefunden oder stattzufinden hat, ipso iure auch in einem anderen selbständigen Verfahren (des vorläufigen Rechtsschutzes) gelten soll.

Weiter ist zu erwähnen, dass der vorläufige Rechtsschutz unter spezifischem Zeitdruck steht[29]. Daher spielt der Zeitfaktor, der auf eine Eilentscheidung drängt, in Verfahren des vorläufigen Rechtsschutzes eine besondere Rolle und führt zu spezifischen Funktionen des Eilverfahrens[30], die sich von denen des Hauptsacheverfahrens unterscheiden. Im Hinblick auf diese Abweichungen kann man sich mit der obigen Ansicht, die in Fragen der Beiladung von einer Parallelität der Interessenlage zwischen Hauptsacheverfahren und den Verfahren des vorläufigen Rechtsschutzes ausgeht, nicht zufrieden geben. In der Literatur wird deshalb die Ansicht vertreten, die Beteiligten des Hauptsacheverfahrens seien nicht automatisch auch Beteiligte in Verfahren des vorläufigen Rechtsschutzes. Vielmehr bedürfe es immer erst der besonderen Beiladung Dritt-betroffener im Verfahren des vorläufigen Rechtsschutzes, in dem das Gericht mit Rücksicht auf den Zeitfaktor sein Ermessen neu ausübt, auch wenn diese bereits zum Hauptsacheverfahren beigeladen worden sind[31].

---

27 Vgl. BFHE 93, 508 (511); BVerwGE 64, 347 (349) = DÖV 1982, 326; *Buchholz* 310 § 80 VwGO Nr. 18; wohl auch BVerfG 65, 227 (228 f.) = NJW 1984, 719; a. A. aber VGH Mannheim VBlBW 1985, 254 (255); BFHE 125, 356 (362 f.); ebenfalls BFHE 131, 455 (458) = NJW 1981, 416; zur ausführlichen unten III. 5. a) aa).

28 *Schoch*, in: Schoch/Schmidt-Aßmann/Pietzner, VwGO, Vorb § 80 Rn. 53.

29 *Trzaskalik*, JZ 1983, 415 (422).

30 Solche spezifische Funktionen sind die Sicherungsfunktion und die interimistische Befriedungsfunktion des vorläufigen Rechtsschutzes; vgl. *Schoch*, in: Schoch/Schmidt-Aßmann/Pietzner, VwGO, Vorb § 80 Rn. 33 ff.

31 Vgl. *Kopp/Schenke*, VwGO, § 80 Rn. 140; wohl auch *Puttler*, in: Sodan/Ziekow, Kommentar zur Verwaltungsgerichtsordnung, § 80 Rn. 126; dazu ausführlich unten III. 5. a) bb).

### bb) Die Unterscheidung zwischen einfacher und notwendiger Beiladung in den Verfahren des vorläufigen Rechtsschutzes

Nicht abschließend geklärt ist auch, ob die Unterscheidung zwischen einfacher und notwendiger Beiladung auf die Verfahren des vorläufigen Rechtsschutzes übertragbar ist.

Die Unterscheidung zwischen einfacher und notwendiger Beiladung hat eine lange Geschichte[32]. In der Rechtsprechung wird diese Differenzierung, die anhand der Interessenlage im regulären Hauptsacheverfahren getroffen wurde, ohne weitere Problematisierung auch auf die Verfahren des vorläufigen Rechtsschutzes übertragen[33]. Eine solche rasche Übertragung erweist sich aber als nicht unproblematisch. Zunächst ist zu beachten, dass sich das Rechtsinstitut der notwendigen Beiladung sowie des vorläufigen Rechtsschutzes ihrer Zielrichtung nach insoweit widersprechen, als der Zeitfaktor auf eine Eilentscheidung drängt, während die notwendige Beiladung eine Verzögerung der Gerichtsentscheidung verlangt. Sollten die Grundsätze der notwendigen Beiladung entsprechend für den vorläufigen Rechtsschutz gelten, darf das Gericht die Entscheidung nicht treffen, bevor die Beiladung stattgefunden hat. Die damit verbundene Zeitverzögerung kann zur Schaffung irreparabler Tatsachen führen, was der vorläufige Rechtsschutz gerade verhindern soll[34].

Nach der h. M. ist eine Beiladung nur notwendig, wenn die gerichtliche Entscheidung unmittelbar und zwangsläufig in ein Recht des Dritten eingreift, dieses entweder bestätigt oder verändert oder zum Erlöschen bringt[35]. So gesehen wird im Hauptsacheverfahren die Notwendigkeit einer Beiladung gerade mit der Umgestaltung der Rechtsposition des notwendig Beigeladenen gerechtfertigt. Aus diesem Grund ist es fraglich, ob die Notwendigkeit einer Beiladung im vorläufigen Rechtsschutz, dessen Entscheidungen keine endgültigen, sondern im Grundsatz bloß Zwischenregelungen ohne materielle Bestandskraft und Gestaltungswirkung sind, begründet werden kann.

---

[32] In der Rechtsprechung ist sie seit der Entscheidung des PrOVG vom 02. 05. 1876 anerkannt; vgl. dazu ausführlich unten II. 1. b) aa) (1).

[33] Vgl. z.B. OVG Lüneburg NJW 1978, 1279; BFH DB 1981, 250; VGH Mannheim ESVGH 31, 146 (147); VGH Mannheim VBlBW 1985, 254; VGH Kassel NVwZ 1993, 204; VGH Mannheim NVwZ-RR 1998, 611; VG Köln CR 2000, 597 (598); wohl auch die allgemeine Ansicht in der Literatur, vgl. *Finkelnburg/Jank*, Vorläufiger Rechtsschutz im Verwaltungsstreitverfahren, Rn. 280; *Krebs*, VerwArch. 69 (1978), 231 (240); dazu ausführlich unten III. 6.

[34] Dazu ausführlich unten III. 6 c) cc).

[35] Zur Definition der notwendigen Beiladung siehe unten I. 3.

## 2. Methodischer Ansatz

Wie im folgenden noch ausführlich darzulegen ist[36], lassen sich der VwGO unmittelbar keine Antworten auf die angesprochenen Fragen entnehmen. Nach dem in der Methodenlehre ganz überwiegend vertretenen Ansatz der Wertungsjurisprudenz[37] erfordert dies, die den jeweils einschlägigen Normen zugrundeliegenden Wertungen offen zu legen, und die in Betracht zu ziehenden Lösungsansätze hieran zu orientieren[38].

Der originäre Normzweck der Beiladung ist das Rechtsschutzinteresse Dritter[39]. Die anderen Normzwecke, die in der über ein Jahrhundert[40] dauernden Entwicklungsgeschichte hinzugetreten sind, insbesondere die Prozessökonomie, aber auch die Akzeptanz verwaltungsgerichtlicher Entscheidungen[41], gewinnen heute immer mehr an Bedeutung[42]. Daher ist es sinnvoll, die Zweckbestimmung der Beiladung im Hinblick auf die inzwischen veränderten Aufgaben erneut zu bearbeiten und zu systematisieren (siehe unten II. 2.). Dies erfordert selbstverständlich auch einen Blick in die Geschichte des Institutes (siehe unten II. 1.).

Dabei ist zu beachten, dass die Zweckbestimmung der Beiladung sich bisher ausschließlich am Hauptsacheverfahren orientiert hat. Im Hinblick auf die Abweichungen in der Interessenlage zwischen dem vorläufigen Rechtsschutzes und dem Hauptsacheverfahren[43] spricht eine Vermutung für die These, dass sich die Erkenntnisse der Zweckbestimmung, die für das Hauptsacheverfahren

---

[36] Siehe unten III. 1.

[37] Vgl. etwa *Pawlowski*, Methodenlehre für Juristen, Rn. 130 ff.

[38] *Henckel*, Prozessrecht und materielles Recht, S. 42.

[39] Vgl. PrOVGE 39, 109 (116 f.); 40, 151 (153); 82, 331 (333) sowie die amtliche Begründung des Regierungsentwurfs zu §§ 66, 67 des Entwurfs der VwGO, BT-Drs. III/55, S. 37; zur Ausführung des Rechtsschutzinteresses als Ausgangspunkt des Normzwecks der Beiladung siehe unten II. 1. b) gg).

[40] Die erste gesetzliche Regelung der Beiladung entstand 1864 in Baden; dazu ausführlich unten II. 1. a).

[41] Zur Prozessökonomie und Akzeptanz verwaltungsgerichtlicher Entscheidungen als Normzwecke der Beiladung zur Erleichterung der Belastung der Verwaltungsgerichtsbarkeit siehe unten II. 2. c) und f).

[42] Heutzutage gilt die Prozessökonomie als der „Hauptzweck“ der Beiladung und hat Vorrang vor dem Rechtsschutzinteresse Dritter; vgl. *Konrad*, BayVBl. 1982, 481 (483); dazu ausführlich unten II. 3. b) bb).

[43] Siehe unten III. 2.

erarbeitet worden sind, nicht eins zu eins auf den vorläufigen Rechtsschutz übertragen lassen[44].

### 3. Begriffsbestimmung

Bevor die Normzwecke der Beiladung untersucht werden, bedarf es zunächst einer Klärung der begrifflichen Grundlagen.

Die Beiladung ist ein spezifisches prozessuales Mittel im Verwaltungsprozessrecht[45], mit dem Personen[46], deren rechtlichen Interessen durch die gerichtliche Entscheidung berührt sein können, die aber keine Parteien sind, in ein anhängiges Verfahren einbezogen werden können[47].

§ 65 VwGO unterscheidet in Abs. 1 und 2 zwischen „einfacher"[48] und „notwendiger" Beiladung. Beigeladen werden können nur Dritte, die beteiligungsfähig[49], aber in dem konkreten Rechtsstreit weder Kläger noch Beklagte sind[50]/[51]. Neben den allgemeinen Prozessvoraussetzungen wie z.B. die Beteiligungsfähigkeit und Rechtsstreit zwischen anderen ist bei der Beurteilung

---

44 Dazu ausführlich unten III. 3. e).

45 So die amtliche Begründung des Regierungsentwurfs zu §§ 66, 67 des Entwurfs der VwGO, BT-Drs. III/55, S. 37.

46 Zur Beteiligungsfähigkeit vgl. § 61 VwGO.

47 Vgl. *Würtenberger*, Verwaltungsprozessrecht, Rn. 221, 225; ähnlich *Schmidt*, in: Eyermann, VwGO, § 65 Rn. 1; *Kopp/Schenke*, VwGO, § 65 Rn. 1; *Schmitt Glaeser*, Verwaltungsprozessrecht, Rn. 83; Ule, Verwaltungsprozessrecht, § 22 I. 1.

48 Diese Bezeichnung ist heute allgemein üblich, vgl. z.B. BVerwGE 92, 66.

49 Beteiligungsfähig sind nach § 61 VwGO natürliche und juristische Personen, Vereinigungen, soweit ihnen ein Recht zustehen kann und Behörden, sofern das Landesrecht dies bestimmt. Wird eine Beiladung trotz des Fehlens der Beteiligungsfähigkeit beschlossen, ist sie unwirksam, vgl. BVerwGE 72, 165 (167), vgl. auch *Bier*, in Schoch/Schmidt-Aßmann/Pietzner, VwGO, § 65 Rn. 9; *Kopp/Schenke*, VwGO, § 65 Rn. 5.

50 *Würtenberger*, Verwaltungsprozessrecht, Rn. 221; 225; zum Begriff der einfachen Beiladung vgl. auch *Bier*, in Schoch/Schmidt-Aßmann/Pietzner, VwGO, § 65 Rn. 9; *Schmidt*, in: Eyermann, VwGO, § 65 Rn. 2; *Hufen*, Verwaltungsprozessrecht, § 12 Rn. 3; *Kopp/Schenke*, VwGO, § 65 Rn. 7; *Redeker/von Oertzen*, VwGO, § 65 Rn. 4.

51 Der Beigeladene darf also nicht selbst Partei sein. So darf der Streitgenosse nicht mehr beigeladen werden. Ist eine öffentlich-rechtliche Körperschaft bereits als Partei am Verfahren beteiligt, dürfen ihre Behörden in der Regel nicht mehr beigeladen werden, da sich die Beteiligung der Körperschaft auf ihre Behörde erstreckt, vgl. BVerwGE 51, 310 (311 f.); 72, 165 (167 f.), vgl. auch *Bier*, in Schoch/Schmidt-Aßmann/Pietzner, VwGO, § 65 Rn. 10.

des Vorliegens der einfachen Beiladung die „Berührung rechtlicher Interessen durch die Entscheidung" entscheidend. Die einfache Beiladung setzt ein rechtliches Interesse[52] des Dritten voraus, das von der Gerichtsentscheidung berührt wird. Dies ist dann der Fall, wenn das Obsiegen einer der Parteien die Rechtsposition Dritter verbessern oder verschlechtern könnte[53]. Sind alle diese Voraussetzungen erfüllt, kann das Gericht nach seinem pflichtgemäßen Ermessen Dritte beiladen. Nach § 65 Abs. 2 VwGO ist eine Beiladung notwendig, wenn Dritte an dem streitigen Rechtsverhältnis „derart beteiligt sind, dass die Entscheidung auch ihnen gegenüber nur einheitlich ergehen kann". Davon ist dann auszugehen, wenn die gerichtliche Entscheidung „unmittelbar und zwangsläufig in ein Recht des Dritten eingreifen muß, dieses entweder bestätigen oder verändern oder zum Erlöschen bringt[54] ".

---

[52] Zum Begriff des rechtlichen Interesses siehe unten II. 2. a).

[53] *Bier*, in Schoch/Schmidt-Asmann/Pietzner, VwGO, § 65 Rn. 12; *Kopp/Schenke*, VwGO, § 65 Rn. 8.

[54] Vgl. *Wurtenberger*, Verwaltungsprozessrecht, Rn. 226; ahnlich *Kopp/Schenke*, VwGO, § 65 Rn. 14; *Schmidt*, in: Eyermann, VwGO, § 65 Rn. 16; *Redeker/von Oertzen*, VwGO, § 65 Rn. 8; in der Rechtsprechung BVerwGE 51, 268 (275); 55, 8 (11).

## II. Sinn und Zweck der Beiladung

In einem ersten größeren Abschnitt wird der Problemgeschichte des Institutes der Beiladung nachgegangen. Dies rechtfertigt sich daraus, dass durch die Analyse der historischen Entwicklung dieses prozessualen Rechtsinstitutes dessen Konturen und Funktionen im System des Rechtsschutzes in einer besonders eindringlichen Weise herausgearbeitet werden können. Dieser historisierende Ansatz wird von der Hypothese getragen, dass die Klärung neu aufgewordener prozessualer Fragen, wie hier die Erstreckung der Beiladung auf den vorläufigen Rechtsschutz, nur durch einen umfassenden Rückgriff auf Geschichte und Funktion dieses Institutes zu finden ist. Liefert doch nach alter Erkenntnis die Rechts- und Institutionengeschichte den Grund, in dem das Gegenwärtige wurzelt und zugleich auch die Begründung, ob und in welchem Maß auf Grund historischer Entwicklung das historisch Überkommene fortzusetzen ist. Ein derartiger Ansatz verfolgt also nicht nur ein rein rechtshistorisches Erkenntnisinteresse, sondern ergibt sich aus einer praktischen Notwendigkeit. Einerseits spielt der historische Kontext bei der Präzisierung des Gesetzessinnes eine wichtige Rolle[55]. Andererseits sind viele der damaligen Ansichten, die insbesondere vom PrOVG und der Literatur entwickelt wurden, für die Auslegung des heute geltenden Rechtes, insbesondere für die Bestimmung der Beiladungsnormzwecke, immer noch von Bedeutung.

### 1. Die Funktionsbestimmung der Beiladung in rechtsgeschichtlicher Perspektive

#### a) Art. 48 Abs. 2 der Badischen Vollzugsverordnung zum Gesetze über die Organisation der inneren Verwaltung

Als „eines der ältesten verwaltungsprozessualen Institute[56]" hat die Beiladung eine lange Tradition in der Entwicklungsgeschichte des Verwaltungsprozessrechtes. Die erste gesetzliche Regelung der Beiladung findet sich in Art. 48

---

[55] Soweit der mögliche Wortsinn (grammatische Auslegung) und der Bedeutungszusammenhang (logische Auslegung) des Gesetzes Raum für verschiedene Auslegungen zulässt, ist die historische Auslegung nach vielfach vertretener Ansicht eine wichtige Interpretationshilfe. An die Zwecke des Gesetzes und die ihnen zugrundeliegenden Wertentscheidungen des Gesetzgebers ist der Richter bei der Auslegung des Gesetzes grundsätzlich gebunden, vgl. *Larenz/Canaris*, Methodenlehre, S. 164.

[56] *Ronellenfitsch*, VerwArch. 74 (1983), 281 (282 f.).

Abs. 2 der Badischen Vollzugsverordnung zum Gesetze über die Organisation der inneren Verwaltung vom 12. 07. 1864[57]:

> „Die Beiladung solcher Beteiligter, deren Interesse durch die zu erlassende Entscheidung berührt wird, findet von Amts wegen statt. In diesem Fall gilt die Entscheidung auch gegenüber dem Beigeladenen."

Eine Bestimmung über die Rechtsstellung des Beigeladenen enthielt die Vollzugsverordnung nicht. Diese Gesetzeslücke wurde später richterrechtlich ausgefüllt. Nach der Rechtsprechung des Badischen Verwaltungsgerichtshofs erhielt der Beigeladene die Rechtsstellung eines Nebenintervenierten i. S. d. §§ 66 ff. ZPO. So heißt es in der Entscheidung vom 19. 01. 1893 des Badischen Verwaltungsgerichtshofs, dass der Beigeladene durch seinen Beitritt Nebenintervenient geworden ist und als solcher berechtigt ist, die auch ihm gegenüber gültige Entscheidung mit dem Rechtsmittel der Berufung anzufechten[58]. In einer späteren Entscheidung vom 08. 06. 1893 hat der Badische Verwaltungsgerichtshof diese Ansicht wiederholt und ausgeführt, dass der Beigeladene lediglich als Nebenintervenient beigetreten ist und deswegen nicht verurteilt werden durfte[59]. Die gesetzliche Regelung des Rechtsinstitutes der Beiladung in Baden hat Preußen und Hessen als Vorbild gedient[60].

### b) Das Gesetz über die Verfassung der Verwaltungsgerichte und das Verwaltungsstreitverfahren und die Unterscheidung zwischen einfacher und notwendiger Beiladung

Die wesentliche Weiterentwicklung des Rechtsinstitutes der Beiladung hin zur Unterscheidung zwischen einfacher und notwendiger Beiladung geht auf die Rechtsprechung des PrOVG zurück.

---

[57] Großherzoglich Badisches GBl. 1864, S. 333 (348).

[58] Rechtsprechung des Badischen Verwaltungsgerichtshofs, Band II, Nr. 50, S. 40, vgl. auch *Joeres*, Die Rechtsstellung des notwendigen Beigeladenen im Verwaltungsstreitverfahren, S. 15.

[59] Rechtsprechung des Badischen Verwaltungsgerichtshofs, Band II, Nr. 51, S. 40.

[60] § 149 Abs. 3 der Kreisordnung für die Provinzen Preußen, Brandenburg, Pommern, Posen, Schlesien und Sachsen vom 13. 12. 1872 (GS S. 661 [704]) und Art. 65 Abs. 3 des Gesetzes betreffend die innere Verwaltung und die Vertretung der Kreise und Provinzen für Hessen vom 12. 07. 1874 schrieben das Rechtsinstitut der Beiladung vor und hatten den gleichen Inhalt wie obige gesetzliche Regelung in Baden, vgl. dazu die Darstellung bei *Lüning*, Entwicklung, S. 10 Fn. 5; *Ronellenfitsch*, VerwArch. 74 (1983), 281 (284) Fn. 13, 14; *Schultzenstein*, VerwArch. 19 (1911), 1 (3 ff.).

Ausgangspunkt der Rechtsprechung war die gesetzliche Regelung der Beiladung in § 40 des Gesetzes betreffend die Verfassung der Verwaltungsgerichte und das Verwaltungsstreitverfahren vom 03. 07. 1875[61]:

> „Das Gericht kann auf Antrag oder von Amts wegen die Beiladung Dritter, deren Interesse durch die zu erlassende Entscheidung berührt wird, verfügen. Die Entscheidung ist in diesem Falle auch den Beigeladenen gegenüber gültig".

Obwohl durch das Gesetz die Beiladung in das Ermessen des Gerichts gestellt wurde, hielt das PrOVG die Beiladung in den gleich im Anschluss zu erörternden Fallgruppen für rechtlich geboten.

Den Ausgangspunkt dieser Rechtsprechung markiert die Entscheidung des PrOVG vom 02. 05. 1876[62], auf die gleich im Anschluss einzugehen sein wird. Man kann in dieser, und auch in vielen anderen einschlägigen Entscheidungen[63] den Ausdruck „notwendige Beiladung" aber noch nicht finden. Vielmehr wurde diese Terminologie durch die Literatur eingeführt[64].

---

[61] In der Literatur wird § 70 S. 1 des Gesetzes über die allgemeine Landesverwaltung (LVG) vom 30. 07. 1883 meistens als Grundlage gesetzlicher Regelung der Beiladung bezeichnet. Diese Vorschrift findet sich aber schon in § 40 des Gesetzes über die Verfassung der Verwaltungsgerichte und das Verwaltungsstreitverfahren vom 03. 07. 1875 mit gleichem Inhalt (vgl. GS S. 375, 382; vgl. auch *Kunze*, VerwArch. 1, 198; *Ronellenfitsch*, VerwArch. 74, 281, 284 Fn. 15). Da die erste Gerichtsentscheidung des PrOVG, bei der es um die notwendige Beiladung ging, bereits vor 1883, nämlich am 02. 05. 1876 ergangen ist, sollte besser an die Regelung aus dem Jahre 1875 angeknüpft werden.

[62] PrOVGE 1, 8 (12); siehe unten II. 1. b) aa) (1); vgl. auch *Nottbusch*, Die Beiladung im Verwaltungsprozess, S. 91.

[63] Vgl. z.B. die Entscheidungen des PrOVG vom 01. 04. 1882, PrOVGE 8, 130 (133); vom 30. 05. 1885, PrOVGE 12, 178 (183); vom 22. 05. 1886, PrOVGE 13, 214 (219 f.); vom 22. 11. 1888, PrOVGE 17, 348 (351); vom 11. 06. 1890, PrOVGE 19, 148; vom 19. 02. 1896, PrOVGE 29, 114 (116); vom 03. 05. 1907, PrOVGE 51, 24 (27); vgl. weiter die Entscheidungen vom 23. 11. 1888, PrVBl 10, 308; vom 08. 12. 1888, PrVBl 10, 612; vom 04. 10. 1893, PrVBl 15, 133; vom 02. 10. 1894, PrVBl 16, 112; vom 24. 11. 1896, PrVBl 18, 379; vom 11. 07. 1899, PrVBl 21, 146; vom 04. 05. 1900, PrVBl 22, 55; vom 21. 12. 1900, PrVBl 22, 324.

[64] Vgl. z.B. *von Brauchitsch*, Verwaltungsgesetze für Preußen, § 70 Anm. 5.

### aa) Die vom PrOVG anerkannten Fallgruppen der notwendigen Beiladung

#### (1) Die Beiladung des Gewählten bei der Streitigkeit über die Gültigkeit einer Wahl

Die erste Gerichtsentscheidung des PrOVG, bei der es um die notwendige Beiladung ging, stammt vom 02. 05. 1876. Ein Kreistagsabgeordneter hatte Klage gegen den Provinziallandtag erhoben, um die Wahl eines Provinziallandtagsabgeordneten für ungültig erklären zu lassen. Das OVG war der Meinung:

> „Neben jenem öffentlichen Interesse kommt das des Gewählten an der Aufrechterhaltung der angefochtenen Wahl in Betracht, und war daher dem letzteren ... die Wahrung desselben durch Beiladung zu diesem Streitverfahren zu ermöglichen.“[65]

Dieser Entscheidung des PrOVG, die heute als die Entstehungsquelle des Rechtsinstituts der notwendigen Beiladung angesehen wird, schlossen sich eine ganze Reihe weiterer Entscheidungen an[66].

#### (2) Beiladung der Wahlberechtigten bei Anfechtung ihrer Wahlberechtigung durch Dritte

Die erste Entscheidung zu dieser Fallgruppe wurde am 01. 04. 1882 vom PrOVG gefällt. Während in der Landgemeinde zum Zwecke der Wahl eines Gemeindevorstehers die Wählerliste öffentlich auslag, wurde diese von zwei Gemeindemitgliedern angegriffen und vor der Wahl eine Klage gegen den Gemeindevorstand erhoben, um Personen von der Liste der Wahlberechtigten streichen zu lassen. Das OVG war der Meinung, dass diese Wahlberechtigten auch zum Streitverfahren zugezogen werden müssten, soweit deren Stimmrecht von dem Streit betroffen worden sei[67].

---

[65] PrOVGE 1, 8 (12).

[66] Z.B. die Entscheidungen vom 22. 05. 1886, PrOVGE 13, 214 (219 f.); vom 04. 10. 1893, PrVBl 15, 132 (133); vom 21. 12. 1900, PrVBl 22, 324; wohl auch die Entscheidung vom 23. 11. 1888, PrVBl 10, 307 ff.; vom 08. 12. 1888, PrVBl 10, 611 ff.; vom 11. 06. 1890, PrOVGE 19, 148 ff.; vgl. *Ronellenfitsch*, VerwArch. 74 (1983), 281 (284) Fn. 17 m. w. N.

[67] PrOVGE 8, 130 ff.

### *(3) Rechtlicher Status von Grundeigentum*

Weitere Gerichtsentscheidungen, bei denen eine Beiladung ebenfalls für notwendig gehalten worden ist, betrafen den rechtlichen Status von Grundeigentum. Zu nennen sind hier Verwaltungsstreitverfahren, in denen es um die kommunale Zugehörigkeit von Grundstücken[68], die Anerkennung einer Ortschaft als selbständige Landgemeinde oder die Anerkennung eines Gutes als selbständiger Gutsbezirk[69] bzw. die Bestimmung der jagdrechtlichen Zugehörigkeit eines Grundstücks[70] ging und bei denen alle Grundstücks-eigentümer oder Gutsbesitzer beizuladen waren. Exemplarisch für diese Fallgruppe ist etwa die Entscheidung vom 03. 10. 1883:

> „... Schon der § 1 des Gemeindeverfassungsgesetzes ... läßt unzweideutig erkennen, daß die kommunalen Verhältnisse von Grundstücken nicht definitiv nominiert werden sollen, ohne daß die Besitzer der letzteren zur Sache gehört werden. ... Die Streitsache war daher an den Kreisausschuß zurückzuweisen, damit derselbe die Eigentümer der Grundstücke, über deren kommunale Zugehörigkeit entschieden werden sollen, ... wenigstens durch Beiladung an dem Verfahren beteilige und sodann anderweit in der Sache erkenne[71]."

## *bb) Die Rechtfertigung der Unterscheidung zwischen einfacher und notwendiger Beiladung*

Das Rechtsinstitut der notwendigen Beiladung ist zwar vom PrOVG entwickelt worden, einen allgemeinen Tatbestand, die Voraussetzungen und die Rechtsfolgen der notwendigen Beiladung hat das PrOVG aber nicht näher bestimmt. In der Tat hat es lediglich eine Beteiligung des Dritten am Rechtsstreit, dessen Recht unmittelbar von der Entscheidung betroffen war, für notwendig gehalten und eine Unterlassung dieser notwendigen Beiladung als wesentlichen Verfahrensmangel angesehen, der zur Aufhebung des vorinstanzlichen Urteils und zur Rückverweisung des Rechtsstreits an das Berufungsgericht führte[72]. Damit stellt sich die Frage, aus welchem Grund das PrOVG das Rechtsinstitut der notwendigen Beiladung geschaffen hat. Den

---

[68] Die Entscheidung vom 11. 07. 1899, PrVBl 21, 146.

[69] Die Entscheidung des PrOVG vom 30. 05. 1885, PrOVGE 12, 178 (183); vom 02. 10. 1894, PrVBl 16, 112; vom 24. 11. 1896, PrVBl 18, 379; vom 04. 05. 1900, PrVBl 22, 55.

[70] Die Entscheidung des PrOVG vom 22. 11. 1888, PrOVGE 17, 348 (351).

[71] PrOVGE 10, 89 (92 f.).

[72] Vgl. z.B. PrOVGE 10, 89 (92); 12, 178 (182 f.); PrVBl. 16, 112; 21, 146.

obigen Fallgruppen ist gemeinsam, dass die Rechte Dritter von den gerichtlichen Entscheidungen unmittelbar betroffen sind. Diese Rechte waren z.B. der durch die Wahl erlangte Status oder das aktive bzw. passive Wahlrecht. Im Urteil vom 02. 05. 1894[73] wird dies deutlich herausgestellt. Hier handelte es sich um den Rechtsstreit über die Gültigkeit einer Wahl von Gemeindeverordneten. Nachdem die Gemeindeversammlung die Ersatzwahl für einen Gemeindeverordneten für ungültig erklärt hatte, hatte der Amtmann, der das Ergebnis aufrechterhalten wollte, eine Klage gegen den Beschluss der Gemeindeversammlung erhoben. Diese Klage wurde rechtskräftig abgewiesen. Der in der Ersatzwahl gewählte Gemeindeverordnete erhob nun gegen den Beschluss der Gemeindeversammlung eine weitere Klage, die ebenfalls die Anfechtung des Beschlusses der Gemeindeversammlung und die Aufrechterhaltung der Ersatzwahl bezweckte. Das PrOVG hat diese Klage mit der Begründung abgewiesen, dass eine Wahl einem jeden Beteiligten gegenüber nur entweder gültig oder ungültig sein könne und es zwei sich widersprechende gerichtliche Entscheidungen über die Gültigkeit der Wahl nicht nebeneinander geben dürfe. Beständen zwei in letzterem Sinne ergangene Entscheidungen nebeneinander, so bliebe es eine nach Lage des bestehenden Rechtes unlösbare Frage, welche von beiden der anderen vorginge. Ein solches Nebeneinander könne der Gesetzgeber nicht gewollt haben. Um dies zu vermeiden, müsse die rechtskräftige Entscheidung zwischen dem Amtmann und der Gemeindevertretung den Rechtsweg des Gewählten ausschließen[74].

In einem späteren Urteil vom 21. 12. 1900[75] hat das PrOVG die Notwendigkeit der Beiladung näher begründet. Nachdem die Gemeindevertretung die Ergänzungswahl eines Gemeindeverordneten für gültig erklärt hatte, hatten Gemeindemitglieder gegen die Gemeindevertretung Klage erhoben, um den Beschluss der Gemeindevertretung anzufechten und diese Wahl für ungültig erklären zu lassen. Dieser Klage wurde stattgegeben. Die Gemeindevertretung hat die Berufung vor dem Bezirksausschuss eingelegt, ohne dass der Gewählte im Prozess beigeladen wurde. Diese Berufung blieb ohne Erfolg. Auf die von der Gemeindevertretung rechtzeitig eingelegte Revision hin hat das PrOVG die Entscheidung des Bezirksausschusses aufgehoben und die Sache zur anderweiten Entscheidung an den Bezirksausschuss zurückgewiesen. Sofern die Klage der Gemeindevertretung durch rechtskräftiges Urteil im Sinne der Ungültigkeit einer Wahl entschieden worden wäre, bestände keine Möglichkeit für den Gewählten, eine neue Klage gegen dasselbe Wahlergebnis zu erheben. Da die Entscheidung unter allen

[73] PrOVGE 26, 119 ff.

[74] PrOVGE 26, 119 (122).

[75] PrOVG PrVBl. 22, 324.

Umständen auch gegen den Gewählten gelten sollte, muss der Gewählte, in dessen Rechte die gerichtliche Entscheidung eingreifen würde, ins Verfahren einbezogen werden, um ihm Einwirkungsmöglichkeit auf die Entscheidung zu geben. Durch das Gesetz ist dem Gewählten in diesem Verfahren aber keine Parteirolle zugewiesen, so dass die Beiladung der einzige Weg ist, dieses Ziel zu erreichen. Daraus folgt, dass in einem derartigen Falle die dem Gerichte gegebene Befugnis zur Beiladung zur Verpflichtung wird und in Wahlsachen zu Ungunsten des Gewählten nicht vor dessen Beiladung erkannt werden darf[76].

#### *cc) Inkonsistenzen in der Rechtsprechung des PrOVG*

Obwohl das PrOVG das Rechtsinstitut der notwendigen Beiladung geschaffen hat, liegt seinen Entscheidungen keine einheitliche Linie zugrunde. So hat das PrOVG weitere Fallgruppen anerkannt, in denen die Entscheidung ebenfalls unmittelbar in die Rechte Dritter eingriff, diese aber nicht als notwendig Beigeladene, sondern als notwendige Streitgenossen und damit als Partei zum Rechtsstreit hinzugezogen wurden. Dagegen geht die Entscheidung vom 02. 10. 1894[77] von der wechselseitigen Surrogationsmöglichkeit zwischen notwendiger Streitgenossenschaft und der notwendigen Beiladung aus. In diesem Urteil ging es um einen Rechtsstreit zwischen dem Vertreter des öffentlichen Interesse und den Grundbesitzern über die Anerkennung einer Ortschaft als selbständige Gemeinde. Da neben den Klägern noch weitere Grundbesitzer betroffen waren, die in den ersten beiden Instanzen nicht beigeladen wurden, führte das PrOVG zur Heilung dieses Verfahrensfehlers aus, dass eine sachliche Entscheidung des Rechtsstreits nur erfolgen könne, „wenn sich entweder sämtliche Grundstücksbesitzer an der Klage beteiligt haben oder den Nichtbeteiligten durch Beiladung zur Wahrnehmung ihres Interesses an der kommunalen Zugehörigkeit ihrer Grundstücke Gelegenheit gegeben gewesen ist“[78].

---

[76] PrOVG PrVBl. 22, 324.

[77] PrOVG PrVBl. 16, 112 f.

[78] PrOVG PrVBl. 16, 112; daneben gibt es noch andere Fälle, wie z.B. das Urteil vom 03. 10. 1883. In diesem Urteil handelte es sich um einen Rechtsstreit über die kommunale Zugehörigkeit mehrerer Grundstücke, der zwischen einem vom Kreisausschuss bestellten Kommissar zur Wahrnehmung des öffentlichen Interesses und dem Domänenfiskus anhängig war. Das PrOVG war der Meinung, dass die Eigentümer der betroffenen Grundstücks „wenigstens“ durch Beiladung am Verfahren zu beteiligen seien, vgl. PrOVGE 10, 89 (92 f.); zu einem weiteren Beispiel siehe auch das Urteil vom 14. 01. 1908, vgl. PrOVGE 52, 51 ff.

Zum Teil wurde sogar innerhalb ein und desselben Urteils nicht klar zwischen Streitgenossenschaft und Beiladung differenziert, wie etwa in der Gerichtsentscheidung vom 22. 05. 1886[79]. Gegenstand des Verfahrens war die Wahl eines Gemeindeverordneten, die von der Gemeindevertretung für ungültig erklärt worden war. Gegen diesen Beschluss klagten der Gemeindevorstand und der Gewählte gemeinsam mit dem Antrag, unter Aufhebung des Beschlusses der Gemeindevertretung die Wahl für gültig zu erklären. In dem Urteil wurde der Gewählte sowohl als Beigeladener als auch als Mitkläger bezeichnet. Während das PrOVG am Anfang des Urteils ausführte, dass die Entscheidung lediglich zwischen Gemeindevorstand und Gemeindevertretung ergehe und ihn als Beigeladenen bezeichnete[80], heißt es wenig später, dass die Entscheidung über das Rechtsverhältnis der Parteien hinaus auch den Gewählten gegenüber ihre rechtliche Wirkung äußere und ohne dessen Zuziehung nicht erkannt werden könne, wobei der Gewählte nun als Mitkläger bezeichnet wurde[81].

### *dd) Die Rechtsstellung des notwendigen Beigeladenen*

Die Gründe für die unterschiedliche Behandlung kann man nur verstehen, wenn man die Rechtsstellung des Beigeladenen untersucht. In der Zeit des letzten Viertels des 19. Jahrhunderts, als das PrOVG das Rechtsinstitut der notwendigen Beiladung geschaffen hatte, war die Rechtsprechung der allgemeinen Ansicht, dass der (notwendig) Beigeladene in einer der formellen Parteistellung vergleichbaren Weise am Verfahren beteiligt wurde. So heißt es in einschlägigen Entscheidungen des PrOVG etwa, dass der Beigeladene zwar nicht zu den Parteien gehöre, diesen aber mit den Rechten solcher „prozessualisch" zur Seite trete[82] oder der Dritte durch die Beiladung die „prozessualische Stellung" einer Partei erlange[83]. Dies wird auch dadurch bestätigt, dass in den Entscheidungen des PrOVG über die Rechtsstellung eines Beigeladenen und einer Partei bei der Revision[84] und bei Rechtsmitteln[85] beide immer gleichgestellt wurden.

---

[79] PrOVGE 13, 214 ff.

[80] PrOVGE 13, 214 (216).

[81] PrOVGE 13, 214 (219 f.).

[82] PrOVGE 21, 212 (214 f.).

[83] PrOVGE 5. 60 (64);

[84] „Dem Beigeladenen stand die Revision gegen das Urteil des Bezirksausschußes offen, da es sein Interesse berührt ...", vgl. PrOVGE 37, 148 (149); selbstverständlich durfte er als Revisionskläger aber keine Anträge stellen, deren Ziel über die Abwehr des durch das Urteil bewirkten Eingriffs in seine Rechtsverhältnisse hinausgeht. So war z.B. der

Die Ansicht der Rechtsprechung geht auf die Lehre vom materiellen Parteibegriff zurück, die zur damaligen Zeit vorherrschte[86]. Nach dem materiellen Parteibegriff sind Parteien diejenigen, die Subjekte des Prozessrechtsverhältnisses und zugleich Subjekte des materiellen Rechtsverhältnisses sind[87]. Da der notwendig Beigeladene mit eigenem Recht

---

beigeladene Domänenfiskus in jenem Fall, in dem es sich darum handelte, ob ein Gut der Bestandteil eines fiskalischen Gutsbezirks war, zwar befugt, eine Entscheidung dahin zu verlangen, dass das Gut kein Bestandteil eines domänenfiskalischen Gutsbezirks sei, aber nicht eine Entscheidung dahin, dass es ein selbständiger Gutbezirk sei, vgl. PrOVGE 37, 148 f.

85 In einer Entscheidung vom 08. 01. 1901, in der die Revision von dem Beklagten und den Beigeladenen gemeinsam eingelegt worden war, hat das PrOVG die Befugnis des Beigeladenen zum Einlegen des Rechtsmittels anerkannt und die Klage zugelassen, vgl. PrOVGE 39, 120 f; in einer anderen Entscheidung vom 07. 06. 1904 meinte das PrOVG, dass der Beigeladene zum Einlegen des Rechtsmittels befugt ist, nur das Ziel seines Antrags nicht über die Abwehr des Eingriffs hinausgehen darf, vgl. PrOVGE 45, 130 (132).

86 In der Rechtsprechung wurde zum Parteibegriff nicht explizit Stellung genommen; in der Literatur wurde aber zu dieser Zeit einhellig die Lehre vom materiellen Parteibegriff vertreten, vgl. z.B. *Loening*, Lehrbuch des Deutschen Verwaltungsrechts, S. 817; *Meyer*, Lehrbuch des deutschen Verwaltungsrechtes, S. 50; erst nach der Jahrhundertwende wird der formelle Parteibegriff erstmals für das Verwaltungsstreitverfahren vertreten, vgl. *Schultzenstein*, VerwArch 12, 112 (175).

87 Die Lehre vom materiellen Parteibegriff ist auf die Vorstellung der Einheit des materiellen und des prozessualen Rechtes gegründet. Nach ihr konnten nur die aktiven und passiven Subjekte des streitigen Rechtsverhältnisses Partei sein. Die ältere Lehre des materiellen Parteibegriffs musste zur Prüfung der Legitimation auf die objektive materielle Rechtslage zurückgreifen. Hierin lag auch ihre entscheidende Schwäche, da der gesamte materielle Streitstoff schon in die Prüfung der Sachlegitimation einbezogen werden musste. Um dies zu vermeiden, zerlegte man das Recht in seinen objektiven Bestand, der Gegenstand des Prozesses zur Hauptsache war, und seine subjektiven Elemente, bei deren Prüfung nicht an der objektiven Rechtslage, sondern allein an der Behauptungen des Klägers gemessen wurde. Der materielle Parteibegriff in dieser Ausprägung besagt also nichts anderes, als dass Parteien diejenigen sind, die in der Klage als Subjekte des streitigen Rechtsverhältnisses bezeichnet werden. Mit anderem Worten sind die Parteien die behaupteten Subjekte des streitigen Rechtsverhältnisses. Geht man davon aus, war der Schritt zum formellen Parteibegriffs, der um die Wende vom 19. zum 20. Jahrhundert an die Stelle des materiellen Parteibegriffs trat, nicht mehr weit. Die Lehre des formellen Parteibegriffs besagt, dass allein die Tatsache, dass der Kläger Rechtsschutz sucht, die Parteieigenschaft der Prozesssubjekte begründet, vgl. *Henckel*, Parteilehre und Streitgegenstand im Zivilprozess, S. 15 ff; vgl. auch *Jauernig*, Zivilprozessrecht, § 18 IV.

am Streit teilgenommen hat und Subjekt des materiellen Rechtsverhältnisses war, war er nach dieser Lehre auch Partei und erlangte die Parteistellung[88].

Soweit es der allgemeinen Ansicht der Rechtsprechung des PrOVG entsprach, dass der Beigeladene die Rechtsstellung einer Partei erlangte, war es dann weniger bedeutsam, ob der Berechtigte als Beigeladener oder als Partei ins Verfahren einbezogen wird. Dazwischen bestand nur ein terminologischer, aber kein inhaltlicher Unterschied.

### *ee) Die Unterscheidung zwischen notwendiger Beiladung und notwendiger Streitgenossenschaft*

Diese Ansicht wurde vom PrOVG erst in der bereits erwähnten Entscheidung vom 21. 12. 1900 aufgegeben. Das PrOVG hat dabei deutlich geäußert, dass dem Gewählten als Beigeladener in diesem Fall keine Parteirolle durch das Gesetz zugewiesen ist[89]. Mit anderem Wort erlangt der Beigeladene nicht die Rechtsstellung einer Partei. Obwohl das PrOVG in späteren Entscheidungen hiervon gelegentlich abgewichen ist[90], liegt diese Ansicht doch ganz überwiegend der weiteren Rechtsprechung zugrunde[91].

Das Rechtsinstitut der notwendigen Beiladung wurde im Zuge dieser Rechtsprechung nicht mehr mit dem der notwendigen Streitgenossenschaft gleichgestellt, sondern als Surrogat für eine fehlende Parteistellung angesehen. Danach war es allgemeine Ansicht, dass der Dritte, dessen Rechte von der Entscheidung berührt werden, beigeladen werden musste, wenn er nicht als Mitkläger ins Verfahren hinzugetreten war[92].

---

[88] *Joeres*, Die Rechtsstellung des notwendigen Beigeladenen im Verwaltungsstreitverfahren, S. 33.

[89] PrOVG PrVBl. 22, 324.

[90] Z.B. in der Entscheidung vom 14. 03. 1903 meinte das PrOVG wieder, dass dem Beigeladenen eine Parteirolle zuzuweisen sein könne, vgl. PrOVGE 43, 308 (315).

[91] Z.B. die Entscheidung vom 05. 02. 1901: „... Einerseits hat die Beiladung nicht den Zweck, den Kreis der Parteien zu erweitern, ...“, vgl. PrOVGE 39, 109 (116); die Entscheidung vom 24. 11. 1927: „... Was zunächst die Berufung der Beigeladenen betrifft, so haben diese in dem Streitverfahren nicht die Stellung einer Partei. ...“, PrOVGE 82, 331 (333), vgl. auch PrOVGE 78, 306 (312);

[92] PrOVGE 52, 51 (53).

### ff) Die Kritik in der Literatur

Die Rechtsprechung des PrOVG, in der zumindest der Sache nach die Unterscheidung von einfacher und notwendiger Beiladung entwickelt worden ist, wurde von der Literatur entweder nicht wahrgenommen[93] oder stieß auf Kritik und sogar Ablehnung[94]. Hauptkritikpunkt war, dass es der Rechtsprechung nicht gelungen war, die Beiladung hinsichtlich ihrer Voraussetzungen und Rechtsfolgen von ähnlichen Rechtsinstituten, insbesondere von der Streitgenossenschaft, abzugrenzen. Ging das PrOVG zunächst davon aus, dass der Beigeladene die Parteistellung erlange, hielt dem die Literatur entgegen, dass der Dritte, der in der Entscheidung durch Beiladung am Streitverfahren zu beteiligen ist, kein Beigeladener, sondern notwendiger Streitgenosse sei[95]. In Wahrheit sei der sogenannte notwendig Beigeladene eine nachträglich zugezogene Partei, die als Kläger oder Beklagte an dem Verfahren beteiligt werden müsse[96]. Er ist „der Sache nach, nur ohne deren Namen, eine Partei[97]". Nachdem das PrOVG in der Entscheidung vom 21. 12. 1900 davon ausging, dass der Beigeladene keine Parteirolle erlange, wurde nun in der Literatur die notwendige Beiladung als unnötiger Ersatz der notwendigen Streitgenossenschaft angesehen und darauf hingewiesen, dass es mit einer Beiladung nicht gelingen könne, eine dem Dritten gehörende Rechtsposition zu entziehen, da der Beigeladene in der Hauptsache nicht verurteilt werden könne[98]. Das streitige Rechtsverhältnis könne ohne die Zuziehung des Berechtigten als Partei gar nicht festgestellt werden. Deswegen sei die Klage direkt gegen ihn zu richten[99].

---

93 So z.B. *Goez*, Die Verwaltungsrechtspflege in Württemberg, § 52 III. S. 564; *von Sarwey*, Das öffentliche Recht und die Verwaltungsrechtspflege, § 74 II. 2) S. 712 ff.; *von Stengel*, VerwArch 3 (1895), 177 ff.; vgl. auch *Bichler*, Die notwendige Beiladung, S. 37 Fn. 1; *Kunze*, Das Verwaltungsstreitverfahren, S. 52 ff.; ders., VerwArch 1 (1893), 198 ff; *Reuß*, Das Verwaltungsstreitverfahren, S. 20 ff.

94 So z.B. *Kunze*, VerwArch 1 (1893), 198 (203) Fn 2. Zur Literatur zum Preußischen Recht, vgl. *Lüning*, Entwicklung, S. 15 ff.

95 *Kunze*, VerwArch 1 (1893), 198 (203) Fn 2, (208 ff.).

96 *Von Brauchitsch*, Verwaltungsgesetze für Preußen, § 70, Anm. 5.

97 *Schultzenstein*, VerwArch 26 (1918), 131 (147).

98 *Kunze*, das Verwaltungsstreitverfahren, S. 57 f.

99 Diese Ansicht wurde auch von anderen Autoren mit ähnlicher Begründung vertreten, vgl. z.B. *von Brauchitsch*, Verwaltungsgesetze, Anm. 4 zu § 70 LVG, S. 109.

Nur ganz ausnahmsweise wurde die Auffassung des PrOVG in der Literatur auch anerkannt, ohne dass dies jedoch begründet wurde[100].

Die ganz überwiegende Ansicht in der Literatur um die Wende vom 19. zum 20. Jahrhundert ging damit davon aus, dass das in § 40 des Gesetzes über die Verfassung der Verwaltungsgerichte und das Verwaltungsstreitverfahren geregelte Rechtsinstitut der Beiladung eine analoge Anwendung der zivilprozessrechtlichen Rechtsinstitute der Streitverkündung und Nebenintervention ausschließe[101]. Statt das Rechtsinstitut der notwendigen Beiladung anzuerkennen und dieses von dem in § 40 des Gesetzes über die Verfassung der Verwaltungsgerichte und das Verwaltungsstreitverfahren geregelten Rechtsinstitut der (einfachen) Beiladung zu unterscheiden, wurde in der Literatur eine Unterscheidung zwischen der (einfachen) Beiladung[102] und der Streitgenossenschaft, durch die der Berechtigte als Streitgenosse, nämlich als Partei ins Verfahren hingezogen wurde[103], getroffen.

Nach allgemeiner Ansicht sollte der (einfach) Beigeladene keine Parteistellung erlangen[104]. Die Beiladung fand nur statt, soweit ein Interesse[105] Dritter von der zu erlassenden Entscheidung berührt wurde[106]. Aus diesem Grund trete der Beigeladene als Dritter durch die Beiladung in den Prozess zwischen den anderen Parteien, damit er Gelegenheit habe, sein Interesse wahrzunehmen. Deswegen gehe sein Recht soweit, dass er die ihm drohende Rechtswirksamkeit der Entscheidung auf sein Rechtsverhältnis prozessual wirksam beeinflussen könne[107]. Er sei befugt, selbständig Anträge zur Abwehr oder zur Unterstützung der Anträge der Parteien zu stellen, Behauptungen und Zugeständnisse einer Partei zu bestreiten und gegen den Willen der Parteien

---

[100] Vgl. etwa *Morgenbesser*, PrVBl. 27, 661 (662); *Müller*, Begriffe, S. 126 f.

[101] *Müller*, Begriffe, S. 130; *Friedrichs*, VerwArch 6 (1896), 358 (409), vgl. auch *Lüning*, Entwicklung, S. 18 Fn. 33.

[102] Dies wird auch dadurch bestätigt dass in der Literatur statt des Rechts Dritter immer nur das Interesse Dritter, das von der zu erlassenden Entscheidung betroffen ist, erwähnt wurde, vgl. z.B. *von Brauchitsch*, Verwaltungsgesetze für Preußen, § 70, Anm. 5.

[103] *Zorn*, VerwArch 2 (1894), 74 (111); *Schultzenstein*, VerwArch 15 (1907), 475 (480 f.).

[104] *Reuß*, Das Verwaltungsstreitverfahren, S. 20; *Friedrichs*, VerwArch 6 (1898), 358 (407 f.).

[105] Es war sehr streitig, was für ein Interesse Dritter von der Entscheidung berührt werden musste, um beigeladen zu werden. Der Meinungsunterschied reichte von einem einfachen Interesse, einem öffentlich-rechtlichen Interesse bis hin zu einem verwaltungsrechtlichen Interesse; siehe *Lüning*, Entwicklung, S. 21 ff.

[106] Vgl. *von Brauchitsch*, Verwaltungsgesetze für Preußen, § 70, Anm. 5.

[107] *Kunze*, VerwArch 1 (1893), 198 (210 f.).

Rechtsmittel einzulegen[108]. Dagegen sei er nicht in der Lage, selbst eine Klage zu erheben, vom Kläger verklagt zu werden[109], den Klagantrag zu erweitern[110] oder eine Klageänderung vorzunehmen. Zur Rechtsstellung des Beigeladenen wurde schon damals die Ansicht vertreten, dass er sich nicht auf die Seite einer der Parteien stellen müsse. Der Beigeladene könne sich auch gegen beide Parteien stellen[111].

### *gg) Zwischenergebnisse – Rechtsschutzinteresse als Ausgangspunkt des Rechtsinstitutes der Beiladung*

Der Entstehungsgrund des Rechtsinstitutes der Beiladung war der Schutz Dritter, deren Interessen durch die zu erlassende Entscheidung berührt werden[112]. In besonderer Weise gilt dies für das vom PrOVG richterrechtlich entwickelte Rechtsinstitut der notwendigen Beiladung. Wie oben bereits ausgeführt, ist den vom PrOVG anerkannten Fallgruppen der notwendigen Beiladung gemeinsam, dass die Rechte Dritter von den gerichtlichen Entscheidungen unmittelbar betroffen sind[113]. Darüber hinaus wurde in der Rechtsprechung die notwendige Beiladung als Surrogat der notwendigen Streitgenossenschaft angesehen. Danach muss der Dritte, dessen Rechte von der Entscheidung berührt werden, beigeladen werden, wenn er nicht als Partei zu dem Verfahren hinzugetreten war[114]. Auch insoweit ist das Rechtsschutzinteresse des Beigeladenen maßgeblicher Grund für die Notwendigkeit der Beiladung. Sofern ein Recht des Dritten von der Entscheidung berührt wird, muss ihm Gelegenheit gegeben werden, dieses im Verfahren zu verteidigen. Deshalb ist er beizuladen, wenn er nicht als Partei am Verfahren beteiligt ist[115].

Auch in der Literatur ist die Anerkennung des Rechtsinstitutes der (einfachen) Beiladung seit jeher am Rechtsschutzinteresse des Beigeladenen

---

108 *Müller*, Begriffe, S. 128 f.; *Friedrichs* VerwArch 6 (1898), 358 (407 f.), vgl. auch *Lüning*, Entwicklung, S. 24 Fn. 51.

109 *Von Stengel*, Organisation, S. 507.

110 *Friedrichs*, VerwArch 6 (1898), 358 (407 f.); *Schultzenstein*, VerwArch 19 (1911), 1 (18); *Müller*, Begriffe, S. 127.

111 *Kunze*, VerwArch 1 (1893), 198 (210 f.), vgl. auch *Lüning*, Entwicklung, S. 25 Fn. 55.

112 Siehe oben II. 1. b) aa) (1).

113 Siehe oben II. 1. b) bb).

114 PrOVG 52, 51 (53); siehe oben II. 1. b) ee).

115 PrOVG 52, 51.

orientiert. Die Rechtfertigung des Rechtsinstitutes der Beiladung, mit anderen Worten der Grund, warum ein Dritter in ein Verfahren zwischen anderen Parteien einbezogen wird, liegt nach dieser Ansicht darin, dass das Interesse bzw. Recht des Dritten von der zu erlassenden Entscheidung berührt wird. Ohne dessen Beteiligung an dem Verfahren könne der Streit nicht entschieden werden[116]. Die Beiladung habe deswegen auch eine wichtige rechtliche Wirkung auf das Rechtsverhältnis zwischen den beiden Parteien.

Überlegungen zu weiteren Normzwecken, wie z.B. zur Prozessökonomie oder zur umfassenden Sachaufklärung, die der Beiladung in der aktuellen Diskussion zugeschrieben werden, sind zum damaligen Zeitpunkt noch nicht explizit angestellt worden. Ansätze einer prozessökonomisch orientierten Argumentation finden sich aber etwa in der oben erläuterten Entscheidung des PrOVG vom 02. 05. 1894, in der die Rechtskrafterstreckung auf den Beigeladenen mit der Überlegung gerechtfertigt wurde, zwei sich widersprechende Entscheidungen auszuschließen[117].

Nach der Wende vom 19. zum 20. Jahrhundert bis zum Ende des zweiten Weltkriegs sind kaum wichtige Weiterentwicklungen des Rechtsinstitutes zu verzeichnen. Inzwischen hatte der Preußische Innenminister im Jahre 1914 die Kritik der Literatur an der Rechtsprechung des PrOVG aufgenommen und dem Herrenhaus eine Neufassung der Bestimmungen über die Beiladung in eine Novelle zum LVG vorgelegt. Ziel war die Abschaffung des vom PrOVG entwickelten Begriffs der notwendigen Beiladung und die Einführung des dem Zivilprozessrecht entliehenen Begriffs der notwendigen Streitgenossenschaft ins LVG. Diese Novelle ist aber nicht Gesetz geworden[118]. Nach 1933 wurde die Rechtsprechung des PrOVG zur notwendigen Beiladung durch Gesetzesänderungen gegenstandslos[119]. Die einschlägigen Bestimmungen der

---

[116] *Von Brauchitsch*, Verwaltungsgesetze für Preußen, § 70, Anm. 5; vgl. auch *Kunze*, VerwArch. 1 (1893), 198 (210 f.).

[117] Siehe oben II. 1. b) bb).

[118] Vgl. dazu ausführlich die Darstellung bei *Joeres*, Die Rechtsstellung des notwendigen Beigeladenen im Verwaltungsstreitverfahren, 28 ff.

[119] Die Wahl der Gemeindevertretung wurde von der Deutschen Gemeindeordnung vom 30. 01. 1935 abgeschafft (vgl. RGBl. I. S. 49 ff.). Damit war die Anfechtung einer Wahl oder einer Wählerliste nicht mehr möglich. Auch den anderen Fallgruppen wurde durch Gesetzesänderungen der Boden entzogen. Laut § 12 Abs. 1 der Deutschen Gemeindeordnung durfte man bei Grenzstreitigkeiten zwischen Gemeinden nicht mehr vor den Gerichten klagen. Diese Streitigkeiten wurden von der Aufsichtsbehörde endgültig entschieden (RGBl. I. S. 49). Das Reichsjagdgesetz vom 03. 07. 1934 kannte die Ansprüche auf Anschluss bestimmter Grundstücke an einen Eigenjagdbezirk nicht mehr an (RGBl. I. S. 549 ff.). Damit war auch die oben erwähnte dritte Fallgruppe der notwendigen

notwendigen Beiladung lagen zwar immer noch vor, ihr Anwendungsbereich lief aber ins Leere[120].

### c) Die Gesetze und Verordnungen über die Verwaltungsgerichtsbarkeit in den Ländern der amerikanischen und britischen Besatzungszonen

#### *aa) Die rechtlichen Grundlagen*

Das Rechtsinstitut der notwendigen Beiladung entwickelte sich erst nach dem zweiten Weltkrieg weiter, nunmehr auf der Grundlage der unter den Besatzungsmächten erlassenen Verordnungen und Gesetze über die Verwaltungsgerichtsbarkeit. Am wichtigsten waren die Gesetze über die Verwaltungsgerichtsbarkeit (VGG) in den amerikanisch besetzten Ländern Bayern, Bremen, Hessen und Württemberg-Baden und die Militärregierungsverordnung (MRVO) Nr. 165 über die Verwaltungsgerichtsbarkeit in der britischen Besatzungszone[121].

Am 25. 09. 1946 ist das Gesetz über die Verwaltungsgerichtsbarkeit (VGG) in dem in der amerikanischen Besatzungszone liegenden Bundesland Bayern erlassen worden. § 60 VGG regelte die Rechtsstellung der Beigeladenen[122]:

> „(1) Das Verwaltungsgericht beschließt nach Anhörung der Beteiligten von Amts wegen oder auf Antrag, daß andere Personen, deren rechtliche Interessen durch die Entscheidung berührt werden, beizuladen sind. Den Antrag kann auch stellen, wer beigeladen zu werden wünscht.
> (2) In dem Beiladungsbeschluß sollen der Stand der Sache und der Grund der Beiladung angegeben werden.
> (3) Der Beschluß wird den Beteiligten, den Beigeladenen und dem Antragsteller zugestellt.

---

Beiladung weggefallen. Vgl. dazu ausführlich die Darstellung bei *Bichler*, Die notwendige Beiladung, S. 39 f.

120 Vgl. die ausführliche Darstellung zur Fortentwicklung des Rechtsinstitutes der notwendigen Beiladung im Dritten Reich bei *Bichler*, Die notwendige Beiladung, S. 39 f.

121 In der französischen Besatzungszone galt das Landesgesetz über die Verwaltungsgerichtsbarkeit für Rheinland-Pfalz vom 14. 04. 1950. In dessen § 48 wurde das Rechtsinstitut der Beiladung geregelt, dessen Text dem § 60 der VGG in den Ländern der amerikanischen Besatzungszone entspricht, vgl. GVBl. I. S. 103 (107 f.); ebenso § 38 des Gesetzes über die Verwaltungsgerichtsbarkeit für das Saarland vom 10. 07. 1951, vgl. ABl. S. 1075 (1081).

122 Gesetz Nr. 39 vom 25. 09. 1946 im Bayerisches GVBl. Nr. 19, S. 281 (285).

(4) Durch den Beschluß erhalten die Beigeladenen die Rechtsstellung von Beteiligten. Die Entscheidung über die Anfechtungsklage ist auch ihnen gegenüber wirksam“

In den ebenfalls von den USA besetzten Ländern Hessen[123] und Bremen[124] wurden VGG, in denen übereinstimmende Bestimmungen über das Rechtsinstitut der Beiladung enthalten waren, später erlassen.

In der britischen Besatzungszone wurde am 15. 09. 1948 die MRVO Nr. 165 erlassen. § 41 MRVO Nr. 165 regelte die Beiladung[125]:

„Das Verwaltungsgericht beschließt auf Antrag oder von Amts wegen über die Beiladung von Personen oder Behörden, deren rechtliche Interessen durch die Entscheidung in dem anhängigen Verfahren berührt werden. In dem Beschluß ist der Gegenstand und die Lage des Verfahrens anzugeben. Er ist unanfechtbar und allen Beteiligten zuzustellen“

Zwischen den gesetzlichen Regelungen der Beiladung in der amerikanischen und der britischen Besatzungszone sowie den früheren Bestimmungen, insbesondere des § 40 des Preußischen Gesetzes über die Verfassung der Verwaltungsgerichte und das Verwaltungsstreitverfahren bestanden nur geringfügige Unterschiede.

Während in § 40 des Gesetzes über die Verfassung der Verwaltungsgerichte und das Verwaltungsstreitverfahren für die Beiladung nur ein „Interesse“ Dritter, das von der Entscheidung berührt werden musste, vorgeschrieben wurde, verlangten § 60 des Gesetzes über die Verwaltungsgerichtsbarkeit und § 41 MRVO Nr. 165 ein „rechtliches Interesse“.

Im Schrifttum ist dazu die Meinung vertreten worden, das Interesse müsse ein öffentlich-rechtliches sein[126]. Diese Ansicht vermag nicht zu überzeugen. Schon damals hat *Bachof* sie zutreffend mit der Begründung abgelehnt, dass bei dieser Ansicht eine Verwechslung des Charakters des angefochtenen

---

[123] § 60 des Gesetzes über die Verwaltungsgerichtsbarkeit vom 31. 10. 1946 im GVBl. für Groß-Hessen, S. 194 (198).

[124] § 60 des Gesetzes Nr. 34 vom 05. 08. 1947 im Gesetzblatt der Freien Hansestadt Bremen, S. 171 (174).

[125] VBl. für die britische Zone, S. 263 (267).

[126] Diese Ansicht wurde von *Bauer* folgendermaßen begründet: Wie vor den bürgerlichen Gerichten in der Regel nur die bürgerlichen Rechtsstreitigkeiten verhandelt würden, seien die Verwaltungsgerichte nur für öffentlich-rechtliche Streitigkeiten zuständig. Da die Entscheidung des Verwaltungsgerichtes nur über öffentliches Recht ergehen könne und die Interessen des Beizuladenden durch jene Entscheidung berührt werden müsse, könnten diese Interessen nur öffentlich-rechtliche sein, vgl. *ders.*, DÖV 1949, 189 (192 f.); ebenfalls *Schmitt*, NJW 1949, 611 (612).

Verwaltungsaktes, der stets öffentlich-rechtlich ist, mit dem Charakter des Rechtes vorliegt, in das der Verwaltungsakt eingreift. Ob ein Verwaltungsakt in ein subjektiv-öffentliches Recht des Klägers oder in ein privates Recht eingreift, ist für die Zulässigkeit der Klage unerheblich. Entsprechendes muss auch für das Interesse Dritter gelten[127]. Diese Ansicht entspricht auch der heute ganz h. M. zu § 65 VwGO[128].

Der Begriff des rechtlichen Interessens wurde alsbald in der Rechtsprechung konkretisiert[129] und von sonstigen, wie z.B. ideellen, kulturellen, wirtschaftlichen oder sozialen Interessen abgegrenzt[130].

Das Preußische LVG enthielt keine Bestimmungen über die Rechtsstellung des Beigeladenen. Nach der damaligen h. M. in der Literatur und Rechtsprechung war der Beigeladene zwar befugt, selbständig Anträge zu stellen, seine Befugnis war aber beschränkt. Er erlangte keine Parteistellung. § 60 Abs. 4 VGG hat diese Auffassung gesetzlich verankert und besagte, dass der Beigeladene durch den Beschluss der Beiladung die Rechtsstellung von „Beteiligten" erhalte.

Damit wurde im positiven Recht nach wie vor nicht zwischen einfacher und notwendiger Beiladung unterschieden.

---

[127] *Bachof*, DÖV 1949, 364 (365).

[128] Nach der heutigen h. M. beschränkt sich das rechtliche Interesse Dritter, das von der Entscheidung berührt wird, nicht auf das Gebiet des öffentlichen Rechts. Das rechtliche Interesse kann also auch im Gebiet des Privatrechtes liegen. Vgl. *Mußgnug*, NVwZ 1988, 33 ff.; daran anschließend *Bier*, in Schoch/Schmidt-Aßmann/Pietzner, VwGO, § 65 Rn. 11; *Schmidt*, in: Eyermann, VwGO, § 65 Rn. 11; *Hufen*, Verwaltungsprozessrecht, § 12 Rn. 10; *Kopp/Schenke*, VwGO, § 65 Rn. 9; *Redeker/von Oertzen*, VwGO, § 65 Rn. 4; *Stern*, Verwaltungsprozessuale Probleme in der öffentlich-rechtlichen Arbeit, Rn. 239; *Ule*, Verwaltungsprozessrecht, § 22 I. 4; *Würtenberger*, Verwaltungsprozessrecht, Rn. 225; vgl. auch *Stahl*, Beiladung und Nebenintervention, S. 35 ff.; daran anschließend *Schäfer*, Die Beiladung im Sozialgerichtsverfahren, S. 25; vgl. in der Rechtsprechung BVerwGE 64, 67 (70); 77, 102 (106).

[129] Dazu haben das OVG Münster und der Badische VGH Freiburg wichtige Beiträge geleistet. In einer der ersten Entscheidungen vom 08. 11. 1949 vertrat das OVG Münster die Auffassung, dass das rechtliche Interesse immer dann berührt werde, wenn das Unterliegen einer Partei die Rechtslage des Beigeladenen verbessere. Vgl. OVG Münster, DÖV 1950, 216. Der Badische VGH Freiburg hat den gleichen Grundsatz erarbeitet und in seinem Beschluss vom 25. 01. 1951 geäußert, dass ein rechtliches Interesse des Dritten nur gegeben sei, wenn je nach dem Ausgang der Streitsache die rechtlichen Beziehung des Beigeladenen zu einer der Parteien sich zu dessen Nachteil änderten. Vgl. VGH Freiburg, DVBl. 1952, 91 (92).

[130] Vgl. z.B. OVG Münster, DVBl. 1952, 84; VGH Freiburg, DVBl. 1952, 91 (92).

### bb) Die weitere Entwicklung vor Inkrafttreten der VwGO

Gleichwohl wurde in der Rechtsprechung das Rechtsinstitut der notwendigen Beiladung allgemein anerkannt[131]. Auch in der Literatur fand es zunehmend Zustimmung[132].

#### (1) Rechtsprechung

Der Terminus der notwendigen Beiladung findet nach dem zweiten Weltkrieg zuerst wieder in einem Beschluss des hessischen Verwaltungsgerichtshofs vom 09. 12. 1948 Erwähnung. Dort heißt es, bei der von einem Vermieter erhobenen Anfechtungsklage gegen die Preisbehörde auf Aufhebung des Mietherabsetzungsbeschlusses sei der Mieter notwendig beizuladen[133].

Die Hauptanwendungsfälle der notwendigen Beiladung waren Anfechtungsklagen privatrechtsgestaltender Verwaltungsakte mit Drittwirkung mit Bereich der Wohnraumbewirtschaftung und des Mietpreiserhöhungsrechtes.

Der Ansicht des hessischen Verwaltungsgerichtshofs haben sich andere Obergerichte angeschlossen. So hat z.B. der Bayerische Verwaltungsgerichtshof eine Beiladung des Mieters im Streit zwischen Hauseigentümer (Vermieter) und Preisbehörde über die Höhe der Miete für notwendig gehalten[134].

In diesen Entscheidungen wurde aber kaum thematisiert, woraus sich die Notwendigkeit der Beiladung ergibt. Soweit ersichtlich markieren nur die folgenden zwei Entscheidungen eine Ausnahme: So hat der Bayerische Verwaltungsgerichtshof die Notwendigkeit der Beiladung in einer 1950 gefällten Entscheidung mit dem Grundsatz der Prozessökonomie und der Möglichkeit der umfassenden Sachaufklärung begründet[135]. In der Entscheidung des BVerwG vom 06. 07. 1955 wurde die Notwendigkeit der Beiladung mit

---

131 Vgl. z.B. HessVGH, DV 1949, 73 mit Anm. *Freytag*; BVerwG, DVBl. 1954, 225.

132 Vgl. z.B. *Bachof*, DÖV 1949, 364 (365); *Bauer*, DÖV 1949, 189 (190 f.); *Bettermann*, DVBl. 1951, 72 (74); *Hufnagl*, DV 1949, 60 (61); *Oppermann*, NJW 1954, 744 (745); *Pietzonka*, NJW 1954, 46, 102; *Redeker*, DVBl. 1954, 419, vgl. auch *Ronellenfitsch*, VerwArch 74 (1983), 281 (285) Fn. 23.

133 DÖV 1949, 356.

134 BayVGH vom 19. 04. 1950, DVBl 1951, 54; siehe auch den Beschluss des Hamburgischen OVG vom 24. 06. 1949, vgl. HambOVG, DV 1949, 474 (475) sowie den Beschluss des OVG Münster vom 18. 10. 1950, MDR 1951, 637.

135 BayVGH vom 19. 04. 1950, DVBl. 1951, 54.

dem möglichen Eingriff in Rechte Dritter durch das Urteil begründet[136]. Auch ohne ausdrückliche gesetzliche Anerkennung wurde das Rechtsinstitut der notwendigen Beiladung also wie in der Rechtsprechung des PrOVG weiter angewandt.

#### *(2) Literatur*

##### *(a) Die zunehmende Anerkennung des Rechtsinstitutes in der Literatur*

Gleichzeitig wurde die notwendige Beiladung in der Literatur breit diskutiert. So hat *Wilhelm Bauer* zuerst die Meinung vertreten, dass das Gericht unter Umständen „die Pflicht zur Beiladung" habe[137]. In der Literatur wurde der Terminus der „notwendigen Beiladung" nach dem zweiten Weltkrieg aber zuerst von Otto *Bachof*, der der Auffassung der Rechtsprechung zustimmte, wieder aufgegriffen. In einem Aufsatz aus dem Jahre 1949 vertrat er die Auffassung, dass es zweifellos Fälle gebe, in denen das Gericht eine Beiladung auch ohne Antrag Dritter vornehmen müsse. Ein Fall der „notwendigen Beiladung" sei immer gegeben, wenn der Verwaltungsakt unmittelbare Rechtsbeziehungen nicht nur zwischen Behörde und Kläger, sondern auch zwischen diesem und einem Dritten geschaffen habe[138]. *Bettermann* erkannte das Rechtsinstitut der notwendigen Beiladung an und begründete die Notwendigkeit der Beiladung „aus dem Sinne und Zwecke des Instituts der Beiladung[139]".

##### *(b) Die dogmatische Einordnung der notwendigen Beiladung in das positive Recht*

Auch die in der Rechtsprechung nicht beantwortete Frage, aus welchem Grund sich die Notwendigkeit einer Beiladung ergebe, wurde in der Literatur erörtert. Da das Rechtsinstitut der notwendigen Beiladung nicht ausdrücklich in

---

[136] BVerwGE 2, 189 f.

[137] *Bauer*, DÖV 1949, 189 (190 f); nähere Begründung unten II. 1. c) bb) (2) (b).

[138] *Bachof*, DÖV 1949, 364 (365).

[139] *Bettermann*, DVBl. 1951, 72 (73); nähere Begründung unten II. 1. c) bb) (2) (b). In der Literatur befanden sich noch zahlreich andere Autoren, die das Rechtsinstitut der notwendigen Beiladung ausdrücklich anerkannten, vgl. z. B. *Hufnagl*, DV 1949, 60 (61); *Oppermann*, NJW 1954, 744 (745); *Redeker*, DVBl. 1954, 419; vgl. auch *Ronellenfitsch*, VerwArch 74 (1983), 281 (285) Fn. 23 m. w. N.

§ 60 des Gesetzes über die Verwaltungsgerichtsbarkeit und § 41 der MRVO Nr. 165 verankert war, bestanden darüber in der Literatur vom Anfang an Meinungsunterschiede.

So wurde die Ansicht vertreten, dass die notwendige Beiladung zwar ein Rechtsinstitut sei, das einem zwangsläufigen Bedürfnis der Praxis entspreche, doch biete das positive Recht keinen Anhalt dafür, dass das Rechtsinstitut eine Rechtfertigung im geltenden Verfahrensrecht finde[140].

Von *Baur* wurde die Rechtfertigung der notwendigen Beiladung im Wege der grammatischen und systematischen Interpretation begründet. Nach dieser Ansicht besage § 60 des Gesetzes über die Verwaltungsgerichtsbarkeit zwar nicht ausdrücklich, dass das Gericht die von dem Urteil betroffenen Dritten beiladen müsse. Aus einem Vergleich mit §§ 62, 63 und 64 VGG, die denselben Wortlaut wie § 60 VGG hätten und die u. a. eine gerichtliche Pflicht zur Feststellung des Sachverhalts enthielten, ergebe sich aber, dass § 60 VGG das Rechtsinstitut der notwendigen Beiladung enthalte[141]. § 60 VGG sei folglich die Rechtsgrundlage des Rechtsinstituts der notwendigen Beiladung im positiven Recht.

Zum Teil wurde die Rechtfertigung der notwendigen Beiladung auch mit Sinn und Zweck des Instituts der Beiladung begründet. Nach dieser Ansicht ist die Beiladung „ein Mittel, die subjektiven Grenzen der Rechtskraft zu erweitern und den Wirkungsbereich des Urteils auf Dritte zu erstrecken[142]“. Um diesen Zweck zu erreichen, ordneten die VGG die Bindung des Beigeladenen an das

---

[140] *Freytag*, DV 1949, 74.

[141] § 60 VGG (vgl. Gesetz Nr. 39 vom 25. 09. 1946 im Bayerisches GVBl. Nr. 19, S. 281, 285) bestimmte: „Das Verwaltungsgericht beschließt ... von Amts wegen oder auf Antrag, daß andere Personen ... beizuladen sind“. Nach der Ansicht *Bauers* habe der Gesetzgeber dabei zwar den Ausdruck „Das Verwaltungsgericht muß beschließen, daß andere Personen ... beizuladen sind“ vermieden. Ein vergleichbarer Sprachgebrauch finde sich aber in § 62 VGG („Das Verwaltungsgericht entscheidet über die Anfechtungsklage auf Grund mündlicher Verhandlung“), in § 63 VGG („Das Verwaltungsgericht erforscht unter Heranziehung der Beteiligten den Sachverhalt von Amts wegen“) oder in § 64 VGG („Das Verwaltungsgericht erhebt den nach seinem Ermessen erforderlichen Beweis in der mündlichen Verhandlung“). § 62 VGG enthielte den Grundsatz, dass die unparteiische Rechtsfindung durch Öffentlichkeit und Mündlichkeit der Verhandlung gewährleistet werden müsse. §§ 63 und 64 VGG (Offizialprinzip) enthielten eine Pflicht zur Feststellung des Sachverhaltes von Amts wegen. Wolle das Gesetz mit einer solchen Ausdrucksweise im Indikativ eine Pflicht bestimmen, sei diese gleichbedeutend mit dem Ausdruck „muß entscheiden“ oder „muß erforschen“. Vgl. *Bauer*, DÖV 1949, 189 (191, 193).

[142] *Bettermann*, DVBl. 1951, 72 (74).

Urteil an[143]. Die Beiladung eines Dritten zum Rechtsstreit sei also notwendig, „wenn dessen Entscheidung gegen den Dritten auch ohne seine Beteiligung am Rechtsstreit wirkt". Eine solche absolute Wirksamkeit gegen Dritte liege einmal in den Fällen der Rechtskrafterstreckung auf Dritte, zum anderen auch in Fällen der Rechtswirkung von Gestaltungsurteilen im Verwaltungsrecht vor[144].

Diese Ansicht, die *Bettermann* vor über 50 Jahren entwickelt hat, ist immer noch von Bedeutung[145]. Das Problem, dass im positiven Recht eine ausdrückliche Grundlage für das Rechtsinstitut der notwendigen Beiladung fehlte, konnte aber auch durch diese Annahme nicht gelöst werden. Selbst wenn man der Ansicht *Bettermanns* zustimmt, dass der Dritte in Fällen der Rechtskrafterstreckung und Gestaltungswirkung beizuladen ist, wird das eigenständige Rechtsinstitut der notwendigen Beiladung nicht automatisch im positiven Recht verankert. Vielmehr ist das Ermessen des Verwaltungsgerichts in § 60 VGG und in § 41 MRVO Nr. 165 auf Grund der zwangsläufigen Drittwirkung des Urteils lediglich auf Null reduziert[146]. Das Gericht ist damit verpflichtet, den Dritten ins Verfahren beizuladen. Einfachgesetzlich war das Rechtsinstitut der notwendigen Beiladung also nach wie vor nicht anerkannt.

#### *(c) Die Rechtsstellung der notwendig Beigeladenen*

Der Meinungsstand zur Rechtsstellung des notwendig Beigeladenen war weniger kontrovers. Hierzu wurde allgemein und einhellig die Auffassung vertreten, dass der Beigeladene keine Partei sei[147]. Auf diese Ansicht hatte der inzwischen allgemein anerkannte formelle Parteibegriff entscheidenden Einfluss. Während die Lehre vom materiellen Parteibegriff in der Zeit des PrOVG vorherrschte, entspricht die Lehre vom formellen Parteibegriff nach dem zweiten Weltkrieg der allgemeinen Ansicht. Nach dem formellen

---

143 § 84 VGG lautete: „Rechtskräftige Urteile binden die Beteiligten und ihre Rechtsnachfolger für den Streitgegenstand"; nach § 60 Abs. 4 S. 1 VGG erhalten die Beigeladenen die Rechtsstellung von Beteiligten, vgl. Bayerisches GVBl. Nr. 19/1946, S. 285, 287.

144 *Bettermann*, DVBl. 1951, 72 (74).

145 Diese Ansicht wird heute etwa von *Bier*, in: *Schoch/Schmidt-Aßmann/Pietzner*, VwGO, § 65 Rn. 16 vertreten.

146 *Maurer*, Allgemeines Verwaltungsrecht, § 7 Rn. 24.

147 *Menger* war der einzige, der noch der alten Ansicht, die in der Zeit des Preußischen LVG vertreten wurde, immer noch zustimmte. Nach seiner Ansicht sei die notwendige Beiladung in Wahrheit eine notwendige Streitgenossenschaft. Der notwendig Beigeladene erlange die Rechtsstellung einer Partei, vgl. *Menger*, DVBl. 1950, 696 (701).

Parteibegriff sind die Parteien abweichend vom materiellen Parteibegriff nicht mehr Subjekt des materiellen Rechtsverhältnisses, sondern diejenigen, die in der Klage als Subjekte des streitigen Rechtsverhältnisses bezeichnet werden. Da das Gericht nicht von dem (notwendig) Beigeladenen zur Entscheidung angerufen wird, ist er keine Partei[148].

Demzufolge ist die Rechtsstellung des Beigeladenen im Vergleich zu den Parteien eingeschränkt[149]. Nach allgemeiner Ansicht muss die Befugnis des Beigeladenen insoweit beschränkt werden, als er zwecks Wahrnehmung seiner rechtlichen Interessen den Standpunkt der einen oder anderen Hauptpartei unterstützt.[150] Er kann weder von den Parteien abweichende Sachanträge stellen noch die Klage zurücknehmen oder ändern. Für eine Rücknahme oder Änderung der Klage ist seine Zustimmung nicht erforderlich[151].

### *(d) Die Voraussetzung der notwendigen Beiladung*

Eine klare Unterscheidung zwischen den Voraussetzungen der einfachen und der notwendigen Beiladung wurde zur damaligen Zeit noch nicht getroffen. Während einige Autoren den Unterschied zwischen den beiden Rechtsinstituten schon anerkannten und behaupteten, dass die notwendige Beiladung eine Berührung des Rechts eines Dritten durch die Entscheidung voraussetze[152], meinten die übrigen Autoren, dass eine Berührung des rechtlichen Interesses durch die Entscheidung ausreiche, ohne zwischen einfacher und notwendiger Beiladung zu unterscheiden[153].

Wohl in Folge des formellen Parteibegriffs wurde klar zwischen der notwendigen Streitgenossenschaft und der notwendigen Beiladung unterschieden. Richtungsweisend war hier ein Aufsatz *Bettermanns* aus dem Jahre 1951, der darauf hinwies, dass ein Mangel an der Notwendigkeit der

---

148 *Van Husen*, VGG, Anm. zu § 52.

149 Trotz der allgemeinen Anerkennung, dass der notwendig Beigeladene keine Partei sei, wurde noch die Ansicht vertreten, dass der notwendig Beigeladene die Rechtsstellung einer Partei erlange; damit erhalte er nach § 60 Abs. 4 S. 1 VGG die Rechtsstellung eines Beteiligten, also nach § 52 VGG diejenige eines Klägers oder des Beklagten (§ 52 des Gesetzes Nr. 39 über die Verwaltungsgerichtsbarkeit vom 25. 09. 1946 lautete: „Im Anfechtungsverfahren haben die Beteiligten, Anfechtungskläger und Anfechtungsgegner, grundsätzlich die gleiche Rechte und Pflichten.“), vgl. *Bauer*, DÖV 1949, 226 (227).

150 *Bachof*, DÖV 1949, 364.

151 *Bettermann*, DVBl. 1951, 39 (40); derselben Meinung *Pietzonka*, NJW 1954, 102.

152 Vgl. z.B. *Redeker*, DVBl. 1954, 419.

153 *Pietzonka*, NJW 1954, 102; *Bauer*, DÖV 1949, 189 (191); *Hufnagl*, DV 1949, 60 (61).

Streitgenossenschaft auf der Kläger- oder Beklagtenseite „nicht durch Beiladung, sondern nur durch Klageerweiterung geheilt werden kann[154].“ Als eigenständiges Rechtsinstitut diene die notwendige Beiladung mehreren Zwecken, wie z.B. der Interessenwahrung des Dritten, umfassender Sachaufklärung und der Prozessökonomie[155], die nicht identisch mit denen der notwendigen Streitgenossenschaft seien[156].

Allerdings muss bei der notwendigen Streitgenossenschaft noch einmal differenziert werden. Die VwGO kennt die notwendige Streitgenossenschaft in zwei Unterarten. Um eine echte (eigentliche) notwendige Streitgenossenschaft handelt es sich, wenn das materielle Recht nur gemeinsam geltend gemacht werden kann und eine gemeinschaftliche Klage stets erforderlich ist. Fehlt es daran, ist die Klage als unzulässig abzuweisen. Demgegenüber handelt es sich um eine unechte (uneigentliche) notwendige Streitgenossenschaft, wenn eine Klage Einzelner bzw. gegen Einzelne materiellrechtlich zwar zulässig und sinnvoll sein kann, die Entscheidung aber aufgrund der Rechtskrafterstreckung für alle Streitgenossen einheitlich sein muss, soweit sie gemeinsam klagen bzw. verklagt werden[157]. Die notwendige Beiladung und die echte notwendige Streitgenossenschaft sind zwei selbständige Rechtsinstitute, die je eigene Anwendungsbereiche haben und nicht miteinander konkurrieren. Liegt ein Fall der echten notwendigen Streitgenossenschaft vor, muss derjenige, bei dem die Notwendigkeit einheitlicher Entscheidung gegeben ist, zwingend als notwendiger Streitgenosse in den Prozess einbezogen werden. Ihn lediglich (notwendig) beizuladen reicht nicht aus. Da der notwendig Beigeladene keine Parteistellung erlangt, kann die Unterlassung der echten notwendigen Streitgenossenschaft nicht durch Beiladung, sondern nur durch Klageerweiterung geheilt werden. Demgegenüber konkurrieren die notwendige Beiladung und die unechte notwendige Streitgenossenschaft, soweit bei

---

[154] *Bettermann*, DVBl. 1951, 72 (75).

[155] *Bettermann*, DVBl. 1951, 72 (75); vgl. zum Normzweck der notwendigen Beiladung unten II. 4.

[156] Nach allgemeiner Ansicht liegt der Grund der notwendigen Streitgenossenschaft darin, dass nach materiellem oder prozessualem Recht die Entscheidung über den Streitgegenstand in beiden oder mehreren Prozesse auf jedem Fall einheitlich sein muss, vgl. *Thomas/Putzo*, ZPO, § 62, Rn. 1; *Bier*, in *Schoch/Schmidt-Aßmann/Pietzner*, VwGO, § 64 Rn. 3; *Schilken*, in: MünchKommZPO, § 62 Rn. 1; man kann davon ausgehen, dass es der Normzweck der notwendigen Streitgenossenschaft ist, widersprechende Gerichtsurteile zu vermeiden und der Rechtssicherheit zu dienen, vgl. *Stahl*, Beiladung, S. 84.

[157] Zum Begriff der echten und unechten notwendigen Streitgenossenschaft vgl. *Würtenberger*, Verwaltungsprozessrecht, Rn. 236 f.; *Lindacher*, Die Streitgenossenschaft, JuS 1986, 379 (381 f.).

getrennten Prozessen die in einem Verfahren ergehende Entscheidung Rechtskraft- oder Gestaltungswirkung im anderen Verfahren hervorrufen würde. Derjenige, der unechter notwendiger Streitgenosse des Klägers oder des Beklagten sein könnte, tatsächlich aber nicht mitklagt oder nicht mitverklagt wird, ist notwendig beizuladen[158]. Die Unterlassung einer unechten notwendigen Streitgenossenschaft kann folglich durch Beiladung substituiert werden.

### d) Das Sozialgerichtsgesetz von 1953 - Die erste Anerkennung der notwendigen Beiladung im positiven Recht

Die erste gesetzliche Normierung der notwendigen Beiladung findet sich in der nach wie vor geltenden Bestimmung des § 75 des Sozialgerichtsgesetz (SGG) vom 03. 09. 1953[159]:

> „(1) Das Gericht kann von Amts wegen oder auf Antrag Andere, deren berechtigte Interessen durch die Entscheidung berührt werden, beiladen. In Angelegenheiten der Kriegsopferversorgung ist die Bundesrepublik Deutschland auf Antrag beizuladen.
> (2) Sind an dem streitigen Rechtsverhältnis Dritte derart beteiligt, daß die Entscheidung auch ihnen gegenüber nur einheitlich ergehen kann oder ergibt sich im Verfahren, daß bei der Ablehnung des Anspruchs ein anderer Versicherungsträger oder in Angelegenheit der Kriegsopferversorgung ein Land als leistungspflichtig in Betracht kommt, so sind sie beizuladen.
> (3) Der Beiladungsbeschluß ist allen Beteiligten zuzustellen. Dabei sollen der Stand der Sache und der Grund der Beiladung angegeben werden. Der Beschluß, den Dritten beizuladen, ist unanfechtbar.
> (4) Der Beigeladene kann innerhalb der Anträge der anderen Beteiligten selbständig Angriffs- und Verteidigungsmittel geltend machen und alle Verfahrenshandlungen wirksam vornehmen. Abweichende Sachanträge kann er nur dann stellen, wenn eine Beiladung nach Absatz 2 vorliegt.
> (5) Ein Versicherungsträger oder in Angelegenheiten der Kriegsopferversorgung ein Land kann nach Beiladung verurteilt werden".

Obwohl diese Bestimmung nur auf dem Gebiet des Sozialrechts anwendbar ist, gewinnt sie ihre besondere Bedeutung aus dem Umstand, dass sie nach dem langen Streit in der Rechtsprechung und Literatur seit dem 19. Jahrhundert die erste Bestätigung des Rechtsinstituts der notwendigen Beiladung im positiven

---

[158] Vgl. dazu ausführlich die Darstellung bei *Bier*, in: Schoch/Schmidt-Aßmann/Pietzner, VwGO, § 65 Rn. 17; *Stahl*, Beiladung und Nebenintervention, S. 84.

[159] BGBl. 1953 Nr. 57, Teil I S. 1239 (1248 f).

Recht enthält. Sie ist auch später in den §§ 65, 66 VwGO und in § 68 des Entwurfs der Verwaltungsprozessordnung[160] übernommen worden.

Die Vorschrift differenziert zwischen einfacher (§ 75 Abs. 1 S. 1 SGG) und notwendiger Beiladung (§ 75 Abs. 2 SGG). Zu beachten ist, dass § 75 SGG neben Abs. 2 1. Alt. noch zwei Fälle der notwendigen Beiladung regelt, nämlich Abs. 1 S. 2 sowie Abs. 2 2. Alt., die nur auf dem Gebiet des Sozialrechtes anwendbar sind und zum Teil auch als „unechte" notwendige Beiladung bezeichnet werden[161]. Bei der Rechtsstellung des Beigeladenen unterscheidet das Gesetz zwischen einfacher und notwendiger Beiladung. Abweichende Sachanträge kann nur der notwendig Beigeladene stellen (§ 75 Abs. 4 SGG).

Während die Differenzierung zwischen einfacher und notwendiger Beiladung im SGG klar getroffen wurde, erkannten der Gesetzgeber und die Rechtsprechung den Unterschied zwischen der notwendigen Beiladung und der notwendigen Streitgenossenschaft immer noch nicht an. In der Begründung des Regierungsentwurfs wurden die beiden Rechtsinstitute gleichgesetzt. Dort heißt es:

> „ ... Unter bestimmten Voraussetzungen muß das Gericht den Dritten beiladen und macht ihn damit zum notwendigen Streitgenossen[162]. ...".

Derselben Meinung war die Rechtsprechung[163]. Im Gegensatz dazu differenzierte das Schrifttum zwischen der notwendigen Beiladung und der notwendigen Streitgenossenschaft, insbesondere hinsichtlich der Rechtsstellung[164].

---

160 Vgl. Entwurf der Verwaltungsprozessordnung, herausgegeben vom Bundesminister der Justiz.

161 Vgl. *Rohwer-Kahlmann*, Kommentar zum Sozialgerichtsgesetz, § 75 Rn. 36; *Peters/Sautter /Wolff*, Kommentar zur Sozialgerichtsbarkeit, § 75 Anm. 5; vgl. auch *Bichler*, Die notwendige Beiladung, S. 74, 167 f; *Lüning*, Entwicklung, S. 101 Fn. 12; *Selle*, Verfahrensbeteiligung, S. 127 f.

162 Vgl. die amtliche Begründung des Regierungsentwurfs, Verhandlungen des Deutschen BT-Drs. I/4357, S. 26.

163 Wie z.B. das Urteil des BSG vom 14. 12. 1960: „ ... Es handelt sich also um den Fall der notwendigen Streitgenossenschaft i. S. des § 62 ZPO und somit um einen Fall der sog. notwendigen Beiladung nach § 75 Abs. 2 SGG. ...", vgl. NJW 1961 750 (751).

164 Nach der h. M. war die Befugnis des notwendig Beigeladenen gegenüber der Partei eingeschränkt, vgl. z.B. *Strack*, ZfS 1954, 219 (220): „ ... Der Streitgegenstand ist somit seiner Verfügung entzogen. Weder eine Klageänderung oder -erweiterung noch eine Klagerücknahme oder Widerklage ist durch ihn möglich. ..."; derselben Meinung *Meyer-Ladewig*, Sozialgerichtsgesetz, § 75 Rn. 17.

Die in § 75 SGG enthaltene Regelung der notwendigen Beiladung ist später in § 65 VwGO mit wenigen Textänderungen, deren Inhalt ausschließlich zu dem Bereich des Sozialrecht gehört, übernommen worden[165].

## e) Ergebnis

Im 1953 in Kraft getretenen SGG wurde erstmals ausdrücklich zwischen einfacher und notwendiger Beiladung unterschieden[166]. Anders stellte sich die Rechtslage im Verwaltungsprozessrecht dar. Die VGG und die MRV kannten nur einen einheitlichen Tatbestand der Beiladung. In Anlehnung an die Rechtsprechung des PrOVG wurde aber auch hier zwischen einfacher und notwendiger Beiladung unterschieden, was zunächst in der Rechtsprechung entwickelt wurde, aber auch zunehmende Zustimmung in der Literatur fand[167].

Eine klare Unterscheidung zwischen den Voraussetzungen der einfachen und der notwendigen Beiladung wurde in der Literatur trotzdem nicht getroffen. Viele Autoren haben die besonderen Voraussetzungen der notwendigen Beiladung, die Berührung des Rechtes eines Dritten durch die Entscheidung, nicht gekannt[168]. Der Unterschied zwischen der notwendigen Beiladung und der (echten) notwendigen Streitgenossenschaft wurde nun eindeutig getroffen[169]. Außerdem sind neben dem Rechtsschutzinteresse des Beigeladenen auch andere Normzwecke der notwendigen Beiladung, nämlich die Prozessökonomie und

---

[165] § 65 VwGO lautet:

„(1) Das Gericht kann, solange das Verfahren noch nicht rechtskräftig abgeschlossen oder in höherer Instanz anhängig ist, von Amts wegen oder auf Antrag andere, deren rechtliche Interessen durch die Entscheidung berührt werden, beiladen.

(2) Sind an dem streitigen Rechtsverhältnis Dritte derart beteiligt, dass die Entscheidung auch ihnen gegenüber nur einheitlich ergehen kann, so sind sie beizuladen (notwendige Beiladung).

(3) Der Beiladungsbeschluss ist allen Beteiligten zuzustellen. Dabei sollen der Stand der Sache und der Grund der Beiladung angegeben werden. Die Beiladung ist unanfechtbar".

Vgl. Gesetz vom 21. 01. 1960, BGBl. 1960 I. S. 17 (25).

[166] Siehe oben II. 1. d).

[167] Siehe oben II. 1. c) bb) (2) (a).

[168] Z.B. *Bauer* war zwar der Meinung, dass das Gericht unter Umständen die Pflicht zur Beiladung habe, meinte aber, dass die Berührung eines dem öffentlichen Recht angehörenden rechtlichen Interesse eine der materiellen Voraussetzungen der Beiladung sei, ohne zwischen einfacher und notwendiger Beiladung zu unterscheiden; vgl. *ders.*, DÖV 1949, 189 (190 ff.); ähnlich *Hufnagl*, DV 1949, 60 (61); *Pietzonka*, NJW 1954, 102.

[169] Vgl. *Bettermann*, DVBl. 1951, 72 (75); siehe oben II. 1. c) bb) (2) (d).

die umfassende Sachaufklärung[170] nicht nur in der Literatur[171] sondern auch in der Rechtsprechung[172] herausgearbeitet worden.

## 2. Die allgemeinen Beiladungszwecke

Bei der Suche nach dem Normzweck der Beiladung kann man sich zunächst an die Begründung des Regierungsentwurfs zu § 65 VwGO halten. Nach dieser dient das Rechtsinstitut der Beiladung dem Rechtsschutzinteresse, der umfassenden Sachaufklärung, der Prozessökonomie und der Rechtssicherheit[173].

Die in der Begründung des Regierungsentwurfs genannten Normzwecke beziehen sich auf das gesamte Institut, ohne zwischen den beiden Unterarten der Beiladung zu differenzieren[174]. Das bedeutet aber nicht, dass die einfache und die notwendige Beiladung absolut identische Zwecke haben und diese Zwecke für die beiden Arten der Beiladung genauso wichtig sind. Bei der einfachen Beiladung „kann" das Gericht Dritte beiladen; bei der notwendigen Beiladung „müssen" Dritte beigeladen werden. Diese gesetzliche Differenzierung deutet darauf hin, dass der notwendigen Beiladung über die Zwecke der einfachen Beiladung hinaus noch weitere Funktionen zukommen, die die stärkere Rechtsstellung des notwendig Beigeladenen und die schwereren Rechtsfolgen einer unterbliebenen notwendigen Beiladung rechtfertigen[175]. Andererseits könnte den Normzwecken der Beiladung bei ihren verschiedenen Arten auch lediglich ein unterschiedliches Gewicht beizumessen sein. In diesem Sinne werden einige Zwecke in der Literatur bei den beiden verschiedenen Arten der Beiladung unterschiedlich stark betont und als „Endzweck[176]", „Hauptzweck[177]"

---

[170] Nach heutiger allgemeiner Ansicht ist umfassende Sachaufklärung einer der Normzwecke, dem das gesamte Rechtsinstitut der Beiladung dient; siehe unten II. 2. b).

[171] Vgl. *Bettermann*, DVBl. 1951, 72 (75); siehe oben II. 1. c) bb) (2) (b).

[172] Vgl. BayVGH vom 19. 04. 1950, DVBl. 1951, 54; siehe oben II. 1. c) bb) (1).

[173] Vgl. die amtliche Begründung des Regierungsentwurfs zu §§ 66, 67 des Entwurfs der VwGO, BT-Drs. III/55, S. 37.

[174] *Stober*, FS für Menger, S. 401 (405).

[175] Siehe unten II. 4.

[176] *Ule*, Verwaltungsprozessrecht, § 22, I 1: „Endzweck der Beiladung ist es, die Rechtskraft des zwischen den Hauptbeteiligten ergehenden Urteils auf Dritte zu erstrecken, deren Interessen durch die Entscheidung berührt werden."

[177] *Konrad*, BayVBl. 1982, 481 (483): „Da schon Hauptzweck der einfachen Beiladung, könne die Prozeßökonomie nicht zugleich spezifischer Zweck der notwendigen Beiladung sein."

oder „Sonderzweck[178]" bezeichnet, um damit den einzelnen Zielen ein besonderes Gewicht zu verleihen.

Unabhängig von der Frage der Gewichtung verfolgt die Beiladung jedenfalls folgende Normzwecke:

### a) Rechtsschutzinteresse des Beigeladenen

Das Rechtsinstitut der Beiladung dient in erster Linie dem Rechtsschutzinteresse des Beigeladenen.

Nach § 65 Abs. 1 VwGO kann das Gericht Dritte, „deren rechtliche Interessen durch die Entscheidung berührt werden, beiladen". Zunächst ist zu untersuchen, was unter „rechtliche Interessen" zu verstehen ist.

Das rechtliche Interesse ist ein „rechtlich geschütztes Interesse[179]", das durch einen abstrakten Rechtssatz konkretisiert wird[180]. Im Vergleich zu dem Begriff des „berechtigen Interesses", der in §§ 43 Abs. 1, 113 Abs. 1 S. 4 VwGO und auch in § 75 Abs. 1 S. 1 SGG verwendet wird, ist der Begriff des rechtlichen Interesses enger[181]. Nach der h. M. fällt ein rein ideelles, soziales, wirtschaftliches, kulturelles oder bloßes Verwaltungsinteresse nicht unter den Begriff des rechtlichen Interesses[182]. Diese Einschränkung hat das Ziel, den

---

[178] *Schäfer*, Die Beiladung im Sozialgerichtsverfahren, S. 45 ff.

[179] *Würtenberger*, Verwaltungsprozessrecht, Rn. 225.

[180] *Stahl*, Beiladung und Nebenintervention, S. 28; zustimmend *Schäfer*, Die Beiladung im Sozialgerichtsverfahren, S. 24.

[181] So die h. M. zu §§ 43 Abs. 1 und 113 Abs. 1 S. 4 VwGO, vgl. etwa *Würtenberger*, PdW Verwaltungsgerichtsbarkeit, Frage 141; zu § 75 Abs. 1 S. 1 SGG vgl. *Brocke*, Der Sozialrichter, S. 82; *Wenner*, Grundzüge der Sozialgerichtsbarkeit, Rn. 216; *Hofmann/Schroeter*, Sozialgerichtsgesetz, § 75 Anm. 2; *Lüning*, Entwicklung, S. 101 Fn. 11; *Lücke*, Die Beiladung im sozialgerichtlichen Verfahren, S. 32 f.; *Meyer-Ladewig*, Sozialgerichtsbarkeit, § 75 Rn. 8; *Peters/Sautter/Wolff*, Sozialgerichtsbarkeit, § 75 Anm. 3b; *Rohwer-Kahlmann*, Sozialgerichtsbarkeit, § 75 Rn. 29; *Bier*, in: Schoch/Schmidt-Aßmann/Pietzner, VwGO, § 65 Rn. 11; a. A. *Schäfer*, Die Beiladung im Sozialgerichtsverfahren, S. 24: kein inhaltlicher Unterschied zwischen berechtigten Interessen in § 75 Abs. 1 S. 1 SGG und rechtlichen Interessen in § 65 Abs. 1 VwGO.

[182] Vgl. aus der Rechtsprechung etwa VGH Kassel NJW 1965, 603; VGH München GewArch 1980, 55; vgl. aus der Literatur etwa *Bier*, in Schoch/Schmidt-Aßmann/Pietzner, VwGO, § 65 Rn. 11; *Redeker/von Oertzen*, VwGO, § 65 Rn. 4; *Schenke*, Verwaltungsprozessrecht, Rn. 468; *Schmidt*, in: Eyermann, VwGO, § 65 Rn. 11; *Schmitt Glaeser*, Verwaltungsprozessrecht, Rn. 84; *Schroeder-Printzen*, NVwZ 1990, 614 (616); *Stern*, Verwaltungsprozessuale Probleme in der öffentlich-rechtlichen Arbeit, Rn. 239; *Ule*, Verwaltungs-

Umfang der Drittbeteiligung zu beschränken, damit „nicht ein Herd für prozessuale Mängel“ geschaffen wird, der den Querulanten willkommene Möglichkeiten böte[183].

Unerheblich ist, ob das rechtliche Interesse seiner Rechtsnatur nach ein öffentlich-rechtliches oder privatrechtliches Interesse ist[184]. Im Rechtsstreit um privatrechtsrelevante Verwaltungsakte fungiert das Rechtsinstitut der Beiladung als Brücke zwischen dem Verwaltungsstreitverfahren und dem ihm nachfolgenden Zivilprozess und vermeidet so sich widersprechende Entscheidungen im Zivil- und Verwaltungsrechtsweg[185].

Der Beigeladene kann nicht nur im erstinstanzlichem Verfahren, sondern auch durch Rechtsmittel seine rechtlichen Interessen verteidigen[186]. Ihm steht das Recht zu, unabhängig von den Hauptbeteiligten selbständig Rechtsmittel einzulegen[187] (§ 124 Abs. 1 i. V. m. § 63 Nr. 3 und § 65 VwGO). Die Einlegung eines Rechtsmittels kann allerdings nur erfolgreich sein, wenn der Verwaltungsakt oder die Ablehnung oder Unterlassung eines Verwaltungsaktes rechtswidrig war und das die Anfechtungsklage oder Verpflichtungsklage abweisende Urteil Rechte des Beigeladenen verletzt[188].

---

prozessrecht, § 22 I. 4; *Würtenberger*, Verwaltungsprozessrecht, Rn. 225; *ders.*, PdW Verwaltungsgerichtsbarkeit, Frage 141.

183 Die amtliche Begründung zu § 65 VwGO in bezug auf das pflichtgemäße Ermessen des Gerichtes bei der einfachen Beiladung, vgl. BT-Drs. III/55, S. 37.

184 Die frühere Ansicht, dass das berührte Interesse ein öffentlich-rechtliches sein müsse, wird heute nicht mehr vertreten; dazu ausführlich oben II. 1. c) aa).

185 Vgl. *Mußgnug*, NVwZ 1988, 33 (37).

186 Dies setzt voraus, dass er in der Vorinstanz beigeladen war. Wer in der Vorinstanz nicht beigeladen war, kann Rechtsmittel nicht einlegen, weil er durch die Entscheidung nicht gebunden wird und ihm das Rechtsschutzinteresse fehlt, vgl. *Kopp/Schenke*, VwGO, Vor § 124 Rn. 34 f.; *Meyer-Ladewig*, in: Schoch/Schmidt-Aßmann/Pietzner, VwGO, Vorb § 124 Rn. 38.

187 Das heißt, der Beigeladene kann auch gegen den Willen der Hauptbeteiligten Berufung einlegen, vgl. *Buhren*, JuS 1976, 512 (513); *Würtenberger*, PdW Verwaltungsgerichtsbarkeit, Frage 151.

188 Nach § 113 Abs. 1 und Abs. 5 VwGO ist die Anfechtungs- oder Verpflichtungsklage nur erfolgreich, wenn der Verwaltungsakt oder die Ablehnung oder Unterlassung eines Verwaltungsaktes rechtswidrig war und der Kläger in seinen Rechten verletzt ist. Die VwGO enthält keine Regelung für den Fall, dass statt des Klägers der Beigeladene mit der Berufung das Urteil einer Anfechtungs- oder Verpflichtungsklage angreift. Entgegen der früheren vertretenen Ansicht, dass es für die Begründetheit der Berufung des Beigeladenen ausreicht, wenn die rechtlichen Interessen des Beigeladenen verletzt waren, hat das BVerwG vom § 113 Abs. 1 S. 1 und Abs. 4 VwGO einen allgemeinen verfahrens-

Als Beiladungszweck wird das Rechtsschutzinteresse des Beigeladenen im allgemeinen zu wenig berücksichtigt. Nach der Entstehungsgeschichte[189] ist das prozessuale Institut der Beiladung aber gerade zur Wahrung der Rechte Dritter geschaffen worden[190].

Durch die Beiladung erhält ein Dritter, dessen Rechtsstellung durch die Entscheidung nachteilig betroffen sei kann, die Gelegenheit, seine rechtlichen Interessen an der Entscheidung in der Hauptsache durch Angriffs- und Verteidigungsmittel selbständig geltend zu machen[191]. Dabei dient die Beiladung dem Zweck, Dritte in das Verfahren einzubeziehen, die weder Kläger noch Beklagte sind, jedoch an einem zwischen anderen Parteien anhängigen Rechtsstreit beteiligt werden sollen, um zu verhindern, dass die Entscheidung ohne ihre Mitwirkung ihre Rechtsstellung nachteilig berührt[192]. Durch die Beiladung wird somit individueller Rechtsschutz gewährt und eine effektive Rechtsverwirklichung ermöglicht[193]. Das Rechtsschutzinteresse Dritter ist damit ein wichtiger Normzweck des Rechtsinstitutes der Beiladung.

### b) Umfassende Sachaufklärung

Die Beiladung dient neben dem Rechtsschutzinteresse zugleich der umfassenden Sachaufklärung.

Im Verwaltungsprozessrecht gilt die Untersuchungsmaxime (§ 86 S. 1 VwGO), die sich aus dem öffentlichen Interesse an der Aufklärung des

---

rechtlichen Grundsatz hergeleitet, nach dem ein Urteil nur dann erfolgreich angegriffen werden kann, wenn der Angreifende, sei er Kläger, sei er Beigeladener, in seinen subjektiven Rechten tatsächlich verletzt wird, vgl. dazu ausführlich die Darstellung bei *Buhren*, JuS 1974, 512 (514); vgl. in der Rechtsprechung BVerwGE 47, 19; BVerwG NVwZ 1987, 970 (971).

[189] In der Begründung des Regierungsentwurfs wurde in erster Linie erwähnt, dass die Beiladung das spezifische prozessuale Mittel sei, eine Nichtpartei am Rechtsstreit zu beteiligen, wenn der Streit sie in Mitleidenschaft ziehen kann; vgl. BT-Drs. III/55, S. 37; vgl. auch *Bettermann*, DVBl. 1951, 72 (74).

[190] Dazu ausführlich oben II. 1. b) gg).

[191] *Grunsky*, Grundlagen des Verfahrensrechts, § 25 II; *Schlosser*, Gestaltungsklagen und Gestaltungsurteile, S. 175; *Stettner*, Das Verhältnis der notwendigen Beiladung zur notwendigen Streitgenossenschaft im Verwaltungsprozess, S. 88 ff.; *Stober*, FS für Menger, S. 417.

[192] *Stober*, FS für Menger, S. 406.

[193] *Bier*, in: Schoch/Schmidt-Aßmann/Pietzner, VwGO, § 65 Rn. 4.

Sachverhaltes und der Richtigkeit der Entscheidung rechtfertigt[194]. Nach dem Untersuchungsgrundsatz muss das Gericht von Amts wegen alle Tatsachen erforschen, die für die Entscheidung wesentlich sind. Um dieses Ziel zu erreichen, stellt die VwGO nicht nur dem Gericht verschiedene Mittel für die Sachaufklärung (z. B. die Erörterung mit den Beteiligten gem. §§ 86 Abs. 3, 87, 87b, 104 VwGO; die Anordnung des persönlichen Erscheinens der Beteiligten gem. § 95 VwGO) zur Verfügung. Die VwGO verpflichtet die Beteiligten auch, bei der Erforschung des Sachverhalts mitzuwirken[195]. Durch die Beiladung hofft das Gericht, dass der beigeladene Dritte durch die Verteidigung seiner eigenen berechtigten Interessen gleichzeitig einen Beitrag zur umfassenden Klärung des Sachverhaltes leisten wird[196]. Dies formuliert *Bettermann* in klarer Weise:

> „... Damit verbirgt sich in den Beiladungsvorschriften ein Stück berechtigter Skepsis gegen den Wert der Untersuchungsmaxime als Garantie für richtige Sachverhaltsermittlung, liegt darin die Anerkennung der der Verhandlungsmaxime zugrundeliegenden Erwägung, daß das Parteiinteresse ein guter, wenn nicht der beste Motor ist, die Wahrheit ans Licht zu bringen oder das Recht zu finden[197]".

### c) Prozessökonomie

Ein weiterer Normzweck der Beiladung ist die Prozessökonomie. Als einer der Normzwecke der Beiladung tauchte die Prozessökonomie erst in den 50er Jahren des letzten Jahrhunderts auf. So hat der BayVGH in einem Beschluss vom 19. 04. 1950 die Notwendigkeit der Beiladung mit dem Grundsatz der Prozessökonomie begründet[198].

Die Prozessökonomie wird als prozessualer Ausdruck des allgemeinen Verhältnismäßigkeitsgebotes bezeichnet[199]. Sie ist zwar einer der wichtigsten

---

[194] *Kopp/Schenke*, VwGO, § 86 Rn. 1.

[195] Z. B. sind die Beteiligten nach § 86 Abs. 1 S. 1 2. Halbsatz VwGO bei der Erforschung des Sachverhalts heranzuziehen; nach § 86 Abs. 4 VwGO sollen die Beteiligten sich zur Sach- und Rechtslage schriftsätzlich äußern; hierfür kann das Gericht Fristen setzen, vgl. *Redeker/von Oertzen*, VwGO, § 86 Rn. 9 f.

[196] Derselben Meinung *Redeker/von Oertzen*, § 65 Rn. 1; *Schunck/De Clerck*, §§ 65, 66 Anm. 1 a; *Stettner*. Das Verhältnis der notwendigen Beiladung zur notwendigen Streitgenossenschaft im Verwaltungsprozess, S. 77.

[197] *Bettermann*, DVBl. 1951, 72 (74).

[198] BayVGH DVBl. 1951, 54, dazu ausführlich oben II. 1. c) bb) (1).

[199] *Schumann*, in: FS für Larenz, S. 271 (281); zustimmend *Gottwald*, ZZP Bd. 93 (1980), 1 (20).

Verfahrensgrundsätze im Zivil- und Verwaltungsprozessrecht, über ihre genaue Bedeutung herrscht aber Unklarheit[200]. Vielmehr wird auf sie in der Literatur und der Rechtsprechung vielfach Bezug genommen, ohne dabei näher präzisiert zu werden[201].

Der Grundgedanke der Prozessökonomie ist die Verringerung staatlichen Arbeitsaufwandes[202]. Das heißt aber nicht, dass in der Prozessökonomie ausschließlich eine Hilfe für die Gerichte zu sehen wäre und das Gericht allein den Zweck verfolgen darf, sich möglichst viel Arbeit zu ersparen[203]. Vielmehr werden die Verfahrenszwecke lediglich durch den Zweck der Prozessökonomie ergänzt. Dadurch wird es möglich, einer völlig prozessunökonomischen Verfahrensgestalt ein Gewicht entgegenzusetzen[204]. Bei dem Blick auf den verursachten Aufwand ist nicht nur einzelnen Gesichtspunkten Rechnung zu tragen, sondern sind die Gesamtheit der anzustrebenden Zwecke sowie die in ihnen abgebildeten Wertorientierungen zu berücksichtigen[205]. Entscheidend ist nicht der Nutzen für einen der Prozessbeteiligten (wie z.B. des Gerichts), sondern der Gewinn für sämtliche Betroffenen. Im Interesse aller, die um Rechtsschutz nachsuchen, soll die knappe Ressource Rechtsprechung einen optimalen Einsatz erfahren. Deshalb kann es die Prozessökonomie gebieten, im Prozess einen Mehraufwand in Kauf zu nehmen, wenn dies nach einer Gesamtbilanz zur Verringerung des staatlichen Arbeitsaufwandes (z.B. zur

---

[200] Der Ursprung und die erstmalige Verwendung des Begriffs „Prozessökonomie“ sind unsicher. In früherer Zeit wurde statt dessen der Begriff „Prozesswirtschaftlichkeit“ benutzt, vgl. z.B. bei *Baumbach-Lauterbach*, Zivilprozessordnung, 30. Aufl. 1970, Einl. III. 3. A.; diese Bezeichnung findet sich aber auch in der heutigen Literatur, vgl. *Schumann*, in: Stein/Jonas/Bearbeiter, ZPO, 21. Auflage, 1997, § 265 I. 9.; zur begriffsgeschichtlichen Untersuchung vgl. auch *Schumann*, in: FS für Larenz, S. 271 (272 f.) m. w. N.

[201] Vgl. z.B. *Baur*, FS für *Lent*, S. 1 (10); *Bettermann*, DVBl. 1951, 72 (74); *Henckel*, Prozessrecht und materielles Recht, S. 232; in der Rechtsprechung vgl. etwa BGHZ 2, 250; 10, 350 (358); vgl. auch *Schumann*, in: FS für Larenz, S. 271 (274 f. Fn. 21, 22) m. w. N. So ist aber auch in der heutigen Literatur, vgl. z.B. *Kopp/Schenke*, VwGO, § 68 Rn. 4; § 144 Rn. 4; § 158 Rn. 1; § 161 Rn. 25.

[202] *Schlosser*, Einverständliches Parteihandeln im Zivilprozess, S. 25.

[203] Das geltende Verfahrensrecht darf nicht aus prozessökonomischen Gründen derogiert werden. Nur in diesem Rahmen darf sich die Prozessökonomie als eine auf Zweckmäßigkeit und Wirtschaftlichkeit abstellende Betrachtungsweise bei der Auslegung und Anwendung des Gesetzes entfalten; vgl. *Schmidt*, Der Zweck des Zivilprozesses und seine Ökonomie, S. 42 f.

[204] *Von Mettenheim*, Der Grundsatz der Prozessökonomie im Zivilprozess, S. 26; daran anschließend *Schumann*, in: FS für Larenz, S. 271 (278).

[205] *Pitschas*, Verwaltungsverantwortung und Verwaltungsverfahren, S. 187 f.

Vermeidung eines weiteren Prozesses) führen könnte[206]. So gesehen hat die Prozessökonomie im einzelnen Verfahren eine Doppelfunktion. Einmal zielt sie darauf, die endgültige Entscheidung über ein bestimmtes prozessuales Begehren mit dem geringsten möglichen Aufwand zu erreichen. Zum anderen kann sie gebieten, zunächst einen Mehraufwand zu erbringen, der an anderer Stelle Verfahrensaufwendungen erspart[207]. Ein Verfahren ist folglich nur dann prozessökonomisch, wenn es seine prozessuale Zielsetzungen mit einem Minimum an Aufwand maximal verwirklicht[208].

Das Rechtsinstitut der Beiladung trägt dieser Doppelfunktion der Prozessökonomie Rechnung. Auf der einen Seite fordert es die Prozessökonomie, das Verfahren sachgerecht zu beschränken, um den Rechtsstreit nicht unnötig oder unzweckmäßig auszuweiten. Deswegen kann das Gericht bei der Ausübung des in § 65 Abs. 1 VwGO eingeräumten Ermessens bei der einfachen Beiladung[209] aus prozessökonomischen Erwägungen eine Beiladung unterlassen[210]. Auf der anderen Seite dient die Beiladung der Prozessökonomie, indem sie es ermöglicht, „größere Streitkomplexe in einer Entscheidung zu erledigen[211]". Dieses Prozessziel wird durch die Urteilsrechtskrafterstreckung auf den Dritten

---

[206] Die Prozessökonomie zwingt z.B. den Richter über § 265 ZPO, eine Klage weiter zu behandeln, auch wenn der Beklagte die Streitsache veräußert hat und die Klage eigentlich unbegründet geworden ist, damit der Kläger nicht eine neue Klage erheben muss und Doppelprozesse vermieden werden können, zur prozessökonomischen Zielrichtung des § 265 ZPO vgl. *Bettermann*, Die Vollstreckung des Zivilurteils in den Grenzen seiner Rechtskraft, S. 67; *Grunsky*, Die Veräußerung der streitbefangenen Sache, S. 22 ff.; *Schumann*, in: Stein/Jonas/Bearbeiter, ZPO, § 265 I. 3.; vgl. *von Mettenheim*, Der Grundsatz der Prozessökonomie im Zivilprozess, S. 76 ff.; *Schumann*, in: FS für Larenz, S. 271 (279 Fn. 43) zu weiteren Beispielen.

[207] *Von Mettenheim*, Der Grundsatz der Prozessökonomie im Zivilprozess, S. 76.

[208] *Schumann*, in: FS für Larenz, S. 271 (277).

[209] Die h. M. geht davon aus, dass § 65 Abs. 1 VwGO dem Gericht eine Ermessensbefugnis einräumt, zu entscheiden, ob es einen Beiladungsbeschluss erlassen will; vgl. *Schmidt*, in: Eyermann, VwGO, § 65 Rn. 5; vgl. weiter *Redeker/von Oertzen*, VwGO, § 65 Rn. 12; *Schunck/De Clerck*, VwGO, §§ 65, 66, Erl. 2 f; *Ule*, Verwaltungsprozessrecht, § 22 II 1; *Kopp/Schenke*, VwGO, § 65 Rn. 6; siehe unten II. 3. a) aa) (2).

[210] *Stettner*, Das Verhältnis der notwendigen Beiladung zur notwendigen Streitgenossenschaft im Verwaltungsprozess, S. 75 f.; zustimmend *Schäfer*, Die Beiladung im Sozialgerichtsverfahren, S. 46; *Stober*, FS für Menger, S. 401 (414).

[211] Vgl. die amtliche Begründung des Regierungsentwurfs zu §§ 67 und 68, BT-Drs. III/55, S. 37.

gemäß § 121 VwGO erreicht[212]. Im Gegensatz zum Vertreter des öffentlichen Interesses, der nur dann Beteiligter und an das Urteil gebunden ist, „falls er von seiner Beteiligungsbefugnis Gebrauch macht" (§ 63 Nr. 4 VwGO), spielt es bei der Beiladung keine Rolle, ob der Dritte diese Gelegenheit tatsächlich nutzt und seine Rechte in Anspruch nimmt. Die Urteilsrechtskraft erstreckt sich in jedem Fall auf ihn[213]. Mit dem Rechtsinstitut der Beiladung werden so die Voraussetzungen für eine Konzentration und Beschleunigung des verwaltungsgerichtlichen Verfahrens geschaffen, die der Prozessökonomie dienen[214].

Als Normzweck der Beiladung erfüllt die Prozessökonomie ihre Funktion, größere Streitkomplexe in einer Entscheidung zu erledigen, nicht nur in der Vermeidung eines nachfolgenden Verwaltungsprozesses durch die Rechtskrafterstreckung (§§ 121, 63 Nr. 3 VwGO), sondern auch durch die Präjudizierung eines nachfolgenden Zivilprozesses[215]. Die bindende Kraft des verwaltungsgerichtlichen Urteils erlaubt es dem Zivilgericht, auf dessen Präjudiz bzw. Gestaltungswirkung zu verweisen, soweit das Rechtsverhältnis zwischen dem Beigeladenen und der Hauptpartei Vorfrage eines Zivilprozesses ist. Damit wird der Beigeladene im nachfolgenden Zivilprozess im Verhältnis zu der Hauptpartei nicht mit der Behauptung gehört, dass der Verwaltungsrechtsstreit unrichtig entschieden worden sei. Das Zivilgericht erspart also den Aufwand, die Tatsachen erneut aufzuklären, die vom Verwaltungsgericht bereits entschieden wurden. Die Beiladung leistet so einen wichtigen Beitrag zur Prozessökonomie beim Rechtsstreit um „janusköpfige und privatrechtsrelevante Verwaltungsakte", die in verwaltungsgerichtlichen Verfahren nicht selten anzutreffen sind[216].

Aus prozessökonomischen Erwägungen kann das Gericht so einerseits einen Antrag auf Beiladung ablehnen, um das Verfahren sachgerecht zu beschränken und einzugrenzen, andererseits aber auch von Amts wegen beiladen, um größere Streitkomplexe in einer Entscheidung zu erledigen. Auf diese Weise trägt das

---

[212] Nach § 121 Nr. 1 VwGO sind die Beteiligten, und damit gem. § 63 Nr. 3 VwGO der Beigeladene, an das rechtskräftige Urteil gebunden, soweit über den Streitgegenstand entschieden worden ist.

[213] *Bettermann*, DVBl. 1951, 72 (74).

[214] *Stober*, FS für Menger, S. 401 (407).

[215] *Würtenberger*, PdW Verwaltungsgerichtsbarkeit, Frage 151.

[216] Zu dem Begriff und der Bedeutung des Rechtsstreites um januskӧpfige und privatrechtsrelevante Verwaltungsakte vgl. *Mußgnug*, NVwZ 1988, 33 ff.

Rechtsinstitut der Beiladung der Doppelfunktion der Prozessökonomie Rechnung[217].

### d) Rechtssicherheit durch eine Vermeidung widersprechender Urteile

Nach h. M. dient die Beiladung neben der Prozessökonomie auch der Rechtssicherheit[218]. Begründet wird dies damit, dass eine Rechtskrafterstreckung auf den Dritten neben der Verfahrenskonzentration und -beschleunigung gleichzeitig auch sich widersprechende Urteile vermeidet. Soweit der Beigeladene an rechtskräftige Urteile gebunden ist, kann er denselben Anspruch nicht mehr in einem weiteren Prozess geltend machen. Auf diese Weise kann es von vornherein nicht mehr zu einem Zweitprozess kommen, dessen Ergebnis dem des Erstprozesses widersprechen könnte[219].

Inwieweit man mit Hilfe einer Beiladung tatsächlich einen Zweitprozess und möglicherweise widersprechende Urteile vermeiden kann, hängt von der Urteilswirkung, genauer gesagt von den objektiven Grenzen der Rechtskraft ab. Nach § 121 Nr. 1 VwGO sind die Beteiligten an rechtskräftige Urteile gebunden, soweit über den Streitgegenstand entschieden worden ist. Das ist bei der Beiladung dann der Fall, wenn der Beigeladene einen weiteren Prozess mit identischem Streitgegenstand führt oder die rechtskräftige Entscheidung des Erstprozesses selbst Vorfrage in dem Zweitprozess ist[220]. Gehört das Rechtsverhältnis zwischen der Partei und dem Beigeladenen nicht zum Streitgegenstand der Klage, sondern wird es nur von dem Urteil des Erstprozesses berührt – etwa hinsichtlich tatsächlicher Feststellungen im Urteil, vorgreiflicher Fragen oder sonstiger Urteilselemente – wird es nicht von der materiellen Rechtskraftwirkung des Urteils erfasst.

---

[217] *Stober*, FS für Menger, S. 401 (414 f.).

[218] *Schmidt*, in: Eyermann, VwGO, § 65 Rn. 1 m. w. N.; *Hufen*, Verwaltungsprozessrecht, § 12 Rn. 4; *Kopp/Schenke*, VwGO, § 65 Rn. 1; *Redeker/von Oertzen*, VwGO, § 65 Rn. 1; *Würtenberger*, Verwaltungsprozessrecht, Rn. 223.

[219] *Bettermann*, DVBl. 1951, 72 (74).

[220] *Kopp/Schenke*, VwGO, § 121 Rn. 10 f.

### e) Rechtliches Gehör des Beigeladenen

In der Begründung des Regierungsentwurfs sind nur die bereits erwähnten Normzwecke genannt. In der Literatur wird gelegentlich das rechtliche Gehör als ein weiterer Normzweck genannt[221].

Herkömmlich wird das rechtliche Gehör (Art. 103 Abs. 1 GG) aus einer objektivrechtlichen Sicht als spezifische Ausprägung des Rechtsstaatsprinzips, aus einer subjektivrechtlichen Sicht als spezifische Ausprägung der Menschenwürde interpretiert[222]. Der erste Aspekt bezieht sich auf eine besondere Qualität justizstaatlicher Entscheidungen, der zweite auf eine eigenständige Rechtsstellung der Prozessbeteiligten[223].

Das rechtliche Gehör entfaltet sich auf drei Verwirklichungsebenen. Zunächst muss gewährleistet werden, dass den Verfahrensbeteiligten die Gelegenheit gegeben wird, sich zum Gegenstand des Verfahrens in tatsächlicher wie auch rechtlicher Hinsicht zu äußern (Äußerungsrecht). Dieses Prozessrecht kann nur verwirklicht werden, wenn der Verfahrensbeteiligte über prozessrelevante Vorgänge informiert wird. Darum wird eine Informationspflicht des Gerichtes über die Einleitung, über den Hauptinhalt und über den derzeitigen Stand des gerichtlichen Verfahrens aus dem rechtlichen Gehör abgeleitet. Schließlich muss gewährleistet werden, dass die Ausführungen der Prozessbeteiligten auch tatsächlich vom Gericht in Erwägung gezogen werden. Deswegen bedarf es eines Anspruchs auf hinreichende Begründung der gerichtlichen Entscheidung (Begründungspflicht)[224].

---

221 Vgl. z.B. *Bettermann*, ZZP Bd. 90 (1977), 121 (124); *Ronellenfitsch*, VerwArch. 74 (1983), 281 (286).

222 Vgl. in der Literatur *Degenhart*, in: HbdStR III, § 76 Rn. 13; *Rüping*, in: Bonner Kommentar, Art. 103 Abs. 1 Rn. 6 ff.; *Schmidt-Aßmann*, in: Maunz/Dürig, Komm. zu GG, Art. 103 Abs. 1 Rn. 2. In der Rechtsprechung BVerfGE 9, 89 (95).

223 *Schmidt-Aßmann*, in: Maunz/Dürig, Komm. zu GG, Art. 103 Abs. 1 Rn. 2, vgl. auch *Rüping*, in: Bonner Kommentar, Art. 103 Abs. 1 Rn. 6 ff.

224 Vgl. *Degenhart*, in: *Isensee/Kirchhof*, HbdStR Bd. 3 § 76 Rn. 19; zum Begriff und Inhalt des rechtlichen Gehörs und des Äußerungsrechtes, der Informationspflicht und der Begründungspflicht (letztere wird auch Beachtenspflicht des Gerichtes genannt) vgl. *Grunsky*, Grundlagen des Verfahrensrechts, § 25 III.; *Knemeyer*, in: Isensee/Kirchhof, HbdStR, Bd. 6 Rn. 28 ff.; *Rüping*, in: Bonner Kommentar, Art. 103 I, Rn. 24 ff.; *ders.*, Grundsatz des rechtlichen Gehörs, S. 197 ff.; *Waldner*, Aktuelle Probleme des rechtlichen Gehörs im Zivilprozess, S. 111 ff.; *Wassermann*, in: AK-GG, Art. 103 Rn. 20, 24 ff.; vgl. auch *Schmidt-Aßmann*, in: Maunz/Dürig, Komm. zu GG, Art. 103 Abs. 1 Rn. 69 m. w. Hinweisen. In der Rechtsprechung BVerfGE 60, 1 (5); 67, 39 (41); 69, 145 (148).

Wie bereits oben erwähnt, ist der Beigeladene in der Lage, auf das Verfahren Einfluss zu nehmen, um zu verhindern, dass die Entscheidung seine Rechtsstellung nachteilig verändert. Dabei erhält der Beigeladene zugleich die Möglichkeit, sich zur Sach- und Rechtslage zu äußern und seine Rechte geltend zu machen[225]. Damit wird das Äußerungsrecht des Beigeladenen und auch das rechtliche Gehör durch die Beiladung gewährleistet[226].

Zu beachten ist, dass der Gewährleistung des rechtlichen Gehörs nur im Rahmen der notwendigen Beiladung zwingende Bedeutung zukommt. Als einer der Normzwecke ist das rechtliche Gehör bei einfacher Beiladung zwar sinnvoll, geboten ist es aber nicht. Für diejenigen, die an dem streitigen Rechtsverhältnis nicht derart beteiligt, dass die Entscheidung auch ihnen gegenüber nur einheitlich ergehen kann (§ 65 Abs. 2 VwGO), entfaltet das ergangene Urteil keine Gestaltungswirkung. Soweit das rechtliche Gehör noch in einem späteren Prozess gewährt werden kann, ist die Einbeziehung ins Verfahren folglich nur fakultativ, aber nicht notwendig[227].

### f) Akzeptanz verwaltungsgerichtlicher Entscheidungen

Nach der herkömmlichen Ansicht sind mit der obigen Aufzählung die Verfahrenszwecke der Beiladung erschöpft[228]. In der jüngsten Zeit wurden dem

---

[225] *Stober*, FS für Menger, S. 401 (408).

[226] Differenziert *Stober*, FS für Menger, S. 401 (408): Die Beiladung dient zwar dem rechtlichen Gehör. Die Gewährung des rechtlichen Gehörs ist aber in das Rechtsschutzinteresse eingeschlossen. Daher ist das rechtliche Gehör selbst kein eigenständiger Normzweck der Beiladung.

[227] Deswegen wird das rechtliche Gehör von vielen Autoren nur als Normzweck der notwendigen Beiladung gekennzeichnet, vgl. z. B. *Kopp/Schenke*, VwGO, § 65 Rn. 1: die Beiladung ist eine zwingende Folge aus Art. 103 Abs. 1 GG (rechtliches Gehör), soweit sie im Sinne von Abs. 2 eine notwendige ist; *Bichler*, Die notwendige Beiladung, S. 58 findet die verfassungsrechtliche Grundlage der notwendigen Beiladung ebenfalls im prozessualen Grundrecht rechtlichen Gehörs; *Grunsky*, Grundlagen des Verfahrensrechts, S. 231 ist der Meinung, dass die notwendige Beiladung in ihrer Ausgestaltung den Anforderungen des Art. 103 Abs. 1 GG gerecht wird. Zur Darstellung des rechtlichen Gehörs als Normzweck der notwendigen Beiladung siehe unten II. 4. c).

[228] In den Lehrbüchern und Kommentaren werden nur die obigen fünf Normzwecke, nämlich Rechtsschutzinteresse, umfassende Sachaufklärung, Prozessökonomie, Rechtssicherheit und rechtliches Gehör erwähnt; vgl. *Schmidt*, in: Eyermann, VwGO, § 65 Rn. 1; *Hufen*, Verwaltungsprozessrecht, § 12 Rn. 4; *Kopp/Schenke*, VwGO, § 65 Rn. 1; *Redeker/von Oertzen*, VwGO, § 65 Rn. 1; *Schenke*, Verwaltungsprozessrecht, Rn. 464; *Ule*, Verwaltungsprozessrecht, § 22 I. 1; *Würtenberger*, Verwaltungsprozessrecht, Rn. 222 f; vgl. auch *Stober*, FS für Menger, S. 406 ff.

Begriff „Akzeptanz" als Rechtsbegriff Konturen verliehen und gewinnt Akzeptanz als neues Ziel im Verwaltungsrecht immer mehr an Bedeutung. Im folgenden ist zu untersuchen, ob Akzeptanz auch einer der Normzwecke des Rechtsinstitutes der Beiladung ist und inwiefern sie dabei eine Rolle spielt.

## *aa) Entstehung der Akzeptanzfrage*

Der Begriff „Akzeptanz" entstand vor dem besonderen Hintergrund des massiven Bürgerprotestes und Widerstandes gegen Verwaltungsentscheidungen seit Beginn der 70er Jahre. Dabei handelte es sich insbesondere um die örtlich unerwünschte Nutzung von Land, die auf Verwaltungsentscheidungen beruht, wie z. B. die Errichtung von Kraftwerken, die Ansiedlung von Industrieunternehmen, den Neubau von Bahntrassen, den Ausbau von Flughäfen sowie die Ausweisung von Müllverbrennungsanlagen[229]. Der massive Bürgerprotest wurde von einem neuen Zeitgeist[230], der auf Partizipation und Umweltschutz drängt, sowie einem wachsenden Umweltbewusstsein getragen[231]. Dieses Phänomen hat erhebliche Auswirkungen auf die Arbeit der Verwaltung und vielfältige Belastungen zur Folge[232]. Um dieses Phänomen und dessen Folge zu

---

[229] Über den Hintergrund der Entstehung des Begriffs „Akzeptanz" vgl. *Würtenberger*, NJW 1991, 257; *ders.*, Akzeptanz, S. 32 ff.

[230] Seit Mitte der sechziger Jahren hat sich das politisch-rechtliche Bewusstsein stark verändert. Früher war dieses eher von einer passiven Orientierung geprägt. Die meisten Bürger vertrauten darauf, dass der Staat, der durch das demokratische Verfahren legitimiert ist, richtige Lösungen sozialer Probleme findet. Staatliche Aktivitäten wurden so in der Regel positiv bewertet. Mitte der sechziger Jahren nahm die sog. „partizipatorische Revolution" ihren Anfang. Die Bürger schenkten dem Staat nicht mehr ihre Sympathie, sondern brachten ihm Skepsis entgegen. Aufgrund des schwindenden Vertrauens auf den Staat fordern sie nun mehr Beteiligung an staatlichen Entscheidungen sowie die Einräumung von Vetorechten, die nach Ansicht mancher notfalls sogar durch gezielten Rechtsbruch durchgesetzt werden können. Vgl. *Würtenberger*, Zeitgeist und Recht, S. 110 ff.

[231] Über die Ursachen und Motive des Bürgerprotestes vgl. *Würtenberger*, NJW 1991, 257 (258); *ders.*, Akzeptanz, S. 36 f.

[232] Das Phänomen des massiven Bürgerprotestes und Widerstandes verzögert die Durchsetzung von Verwaltungsentscheidungen, was die sozialen, insbesondere die wirtschaftlichen Kosten erhöht und die internationale Wettbewerbsfähigkeit gefährdet. Ferner werden Verwaltungsentscheidungen sehr oft unter dem Druck des öffentlichen Protestes blockiert oder abgeändert. Darüber hinaus hat dieses Phänomen nicht selten eine schwer fassbare, aber nicht unerhebliche Präjudizwirkung. Man orientiert sich bei Verwaltungsentscheidungen nicht mehr daran, ob die Entscheidung inhaltlich angemessen ist, sondern nur daran, ob Bürgerprotest zu erwarten ist. Dabei besteht die Gefahr von bloß populistischen, nicht aber gemeinwohlorientierten Entscheidungen. Am gravierendsten ist

beseitigen, versucht in jüngerer Zeit eine sozialwissenschaftlich orientierte Staats- und Verwaltungsrechtswissenschaft[233] neben der herkömmlichen Konzeption des Rechtsstaates[234] die Perspektive „von unten" zu wählen und Verwaltungsentscheidung aus der Sicht des Bürgers zu betrachten[235]. Vor diesem Hintergrund taucht der Begriff „Akzeptanz" als Ausdruck einer neuen Konzeption im Verwaltungsrecht auf[236].

### bb) Zielsetzungen eines Akzeptanz-Managements

Die Akzeptanzfrage ist für einen modernen demokratischen Staat sehr wichtig. Man kann ihre Bedeutung auf unterschiedlichen Ebenen betrachten:

#### *(1) Staatspolitische Zielsetzungen*

Die ganze Staatsgewalt ruht auf dem Gehorsam der Bürger[237]. Gehorsam und Akzeptanz sind eng miteinander verbunden. Staatliche Herrschaft kann nur auf Dauer bestehen, wenn sie durch den willigen Gehorsam der Bürger getragen wird[238]. Anderes formuliert: Gesetz und Recht können nur auf längere Sicht

---

es, dass der massive Bürgerprotest das sozial, ökonomisch oder ökologisch Notwendige zu verhindern vermag; vgl. *Würtenberger*, NJW 1991, 257 f.; *ders.*, Akzeptanz, S. 50 ff.

[233] Vgl. *Hoffmann-Riem*, Konfliktmittler in Verwaltungsverhandlungen; *Hoffmann-Riem/ Schmidt-Aßmann*, Konfliktbewältigung durch Verhandlungen, Bd. 1 u. 2; *Müller/Holst*, Raumordnung und Abfallbeseitigung; *Schwind*, Ursachen, Prävention und Kontrolle von Gewalt.

[234] Die Akzeptanzfrage hat im Verwaltungsrecht herkömmlicherweise keinen Platz. Nach der überkommenen Konzeption des Rechtsstaates, die die Verwaltung eng an das Gesetz bindet, wird der Bürger bei rechtswidrigem Verwaltungshandeln auf einen Kampf um sein Recht vor den Gerichten verwiesen. Verwaltungsverfahren, die sich um Akzeptanz bemühen, führen nach vielfach vertretener Ansicht zu einer Loslösung der Verwaltung vom Gesetz und damit einer Aushöhlung ihrer rechtsstaatlichen Bindung; vgl. *Würtenberger*, NJW 1991, 257 (259).

[235] *Würtenberger*, Akzeptanz, S. 61.

[236] Diese Konzeption entstand schon seit den 70er Jahren in den USA und hat Deutschland als Vorbild gedient; vgl. *Holznagel*, DVBl. 1989, 1080 ff.

[237] „Näher besehen ruht die ganze Staatsgewalt auf dem Gehorsam der Untertanen, all ihre Tätigkeit ist verwandelter Gehorsam"; *Jellinek*, Allgemeine Staatslehre, S. 426.

[238] „Auch der Stärkste ist nicht stark genug, seine Herrschaft auf Dauer zu behaupten, wenn er nicht die Gewalt in Recht und den Gehorsam in Pflicht verwandelt", so *Rousseau* in Contrat social, I. 3; vgl. auch *Zippelius*, Allgemeine Staatslehre, § 9 I. 2.

gelten, wenn sie die Akzeptanz der Mehrheit der Normadressaten haben[239]. Dies gilt auch für die Verwaltungsentscheidungen: Der Prozess, in dem sich die Verwaltung um Akzeptanz ihrer Entscheidung bemüht, bietet für die Verwaltungsträger eine Gelegenheit, einen Dialog mit dem Bürger zu führen, so dass ein Gefühl politischer Ohnmacht nicht zu entstehen vermag[240]. Dadurch werden eine verstärkte Integration des Bürgers in den Staat und ganz allgemein das Staatsbewusstsein befördert[241].

#### *(2) Psychologische Zufriedenheit als anthropologische Zielsetzung*

Aus rechtspsychologischer Sicht ist Akzeptanz eine Frage individueller Wertung: Eine Verwaltungsentscheidung kann dem Bürger richtig, vertretbar, noch akzeptabel oder falsch und nicht hinnehmbar erscheinen[242]. Sie findet Akzeptanz, wenn sie als richtige bis noch akzeptable Regelung angesehen wird, obwohl man selber eine andere Entscheidung für richtiger hält[243]. Psychologisch betrachtet lässt sich zwischen Akzeptanz im Sinne einer von anderen getroffenen nachträglichen Zustimmung zu Entscheidungen und einer aus der gemeinsam entwickelten Problemlösung entstehenden prozedural begründeten Akzeptanz unterscheiden[244]. So gesehen ist es das Ziel eines Akzeptanz-Managements, das Ergebnis einer Entscheidung bei unbeteiligten Dritten ebenso wie bei den Verfahrensbeteiligten auf Zustimmung stoßen oder mindestens vertretbar erscheinen zu lassen[245].

---

[239] Dies gilt zumindest in einem demokratischen Rechtsstaat, der im Regelfall auf eine polizeistaatliche Überwachung und Durchsetzung seiner Rechtsordnung verzichtet; vgl. *Herzog*, Von der Akzeptanz des Rechts, in: Rüthers/Stern, Freiheit und Verantwortung im Verfassungsstaat, S. 127 ff.; *Würtenberger*, Akzeptanz, S. 83.

[240] *Bulling*, DÖV 1989, 277 (288).

[241] *Würtenberger*, Akzeptanz, S. 69.

[242] *Würtenberger*, NJW 1991, 257 (258); *ders.*, Akzeptanz, S. 61; ähnlich *Benda*, DÖV 1983, 305 (306).

[243] *Herzog*, Von der Akzeptanz des Rechts, in: Rüthers/Stern, Freiheit und Verantwortung im Verfassungsstaat, S. 127 (128); *Würtenberger*, in: *Eisenmann/Rill* (Hg.), Jurist und Staatsbewusstsein, S. 79 ff.; *Hill*, JZ 1988, 377.

[244] *Hill*, DÖV 1994, 279 (282).

[245] *Würtenberger*, Akzeptanz, S. 63.

#### *(3) Rechtliche Zielsetzungen*

Die Zielsetzungen eines Akzeptanz-Managements erstrecken sich nicht nur auf die anthropologische und staatspolitische Ebene, sondern insbesondere auch auf die verwaltungsrechtliche Ebene. Das Akzeptanz-Management ist auf die Sicherung des Rechtsfriedens und der staatlichen Handlungsfähigkeit gerichtet[246] und trägt so zur demokratischen Legitimation bei[247]. Im hiesigen Zusammenhang ist besonders wichtig ist, dass ein Akzeptanz-Management die Dauer des Verwaltungsverfahrens verkürzt und die Gesamtverfahrensdauer durch Vermeidung gerichtlicher Nachverfahren beschleunigt.

##### *(a) Verkürzung der Dauer des Verwaltungsverfahrens durch frühzeitiges Bemühen um Akzeptanz*

Man kann das Gebot der zügigen Durchführung von Verwaltungsverfahren nicht nur aus dem Rechtsstaatsprinzip, sondern auch aus den Grundrechten herleiten[248], da das Zeitmoment von Verwaltungsentscheidungen von

[246] Wie oben schon ausgeführt, liegt die Basis eines demokratischen Rechtsstaates darin, dass der Bürger die Rechtsordnung akzeptiert und freiwillig beachtet. Für die Entscheidungen der Verwaltung gilt dieser staatstheoretische Gedanke ebenfalls. Wird in größerem Umfang die Akzeptanz von Verwaltungsentscheidung verfehlt, drohen eine Eskalation von Protest bis hin zur Gewalt und ein Verlust an innerer Sicherheit. Letztlich kann die Rechtsordnung nur durch polizeiliche Überwachungs- und Vollstreckungsmaßnahmen aufrechterhalten werden. Darüber hinaus verliert die Verwaltung bei einer derartigen Situation ihre Handlungsfähigkeit. Dies kann zur Folge haben, dass die nötigen Infrastruktur- und Investitionsmaßnahmen blockiert werden. Die obigen Gefahren zu vermeiden, gehört zu den rechtlichen Zielsetzungen eines Akzeptanz-Managements; vgl. *Würtenberger*, Akzeptanz, S. 64.

[247] Die demokratische Legitimation von Verwaltungsentscheidungen liegt nicht nur darin, dass sie das Gesetz vollziehen, sondern auch in Wünschen und Forderungen der Öffentlichkeit. Die Verwaltungsentscheidungen besitzen durch Rückbindung an das zu vollziehende Gesetz und die Mechanismen parlamentarischer Kontrolle von Regierung und Exekutive die demokratische Legitimation. Diese kann aber durch ein Akzeptanz-Management, genauer gesagt durch Strategien der Information und der kooperativen Konfliktverarbeitung im Verwaltungsverfahren, verbessert werden. Deshalb gehört die demokratische Legitimation von Konfliktlösungen durch die Verwaltung auch zu den rechtlichen Zielsetzungen des Akzeptanz-Managements; vgl. *Würtenberger*, Akzeptanz, S. 64 f.

[248] *Bullinger*, Beschleunigte Genehmigungsverfahren für eilbedürftige Vorhaben, S. 33 ff.; *Schmidt-Jortzig*, NJW 1994, 2569 (2572).

erheblicher Grundrechtsrelevanz ist[249]. Betracht man nur den Zeitgebrauch im Verfahren der Verwaltungsentscheidung, wird man zu dem Ergebnis kommen, dass das Verwaltungsverfahren durch die Beteiligung Dritter am Verfahren und die Suche nach einer akzeptanzfähigen Entscheidung verzögert wird, da das Bemühen um die Akzeptanz von Verwaltungsentscheidungen den zeitlichen Aufwand erhöht[250]. Dieser Zeitaufwand ist aber verfahrensökonomisch sinnvoll und deswegen verfassungsrechtlich geboten, wenn dadurch die künftige Durchsetzung der Verwaltungsentscheidung erleichtert wird und die nachkommenden Verwaltungsprozesse, die wahrscheinlich noch mehr Zeitaufwand verlangen würden, vermieden werden[251].

### *(b) Verfahrensbeschleunigung durch Vermeidung gerichtlicher Nachverfahren*

Wird gegen eine Verwaltungsentscheidung, wie z.B. eine Planungsentscheidung oder eine Unternehmergenehmigung um Rechtsschutz nachgesucht, führt dies zu einer Belastung der Verwaltungsgerichtsbarkeit. Dabei muss vielfach mit einer Verzögerung des Vollzugs der Verwaltungsentscheidung um etliche Jahre gerechnet werden. Einer Verkürzung und Beschleunigung des Verwaltungsprozesses, die vom Gesetzgeber angestrebt werden[252], kommen dabei nur ein begrenzter Erfolg zu. Ein entscheidender Beitrag zur Beschleunigung der Gesamtverfahrensdauer kann nur dadurch geleistet werden, dass der Rechtsschutz überhaupt nicht in Anspruch genommen wird[253].

Die Hypothese, dass ein Akzeptanz-Management gerichtliche Nachverfahren vermeiden kann, lässt sich wie folgt begründen. Nach der Forschung und Praxis

---

249 Eine verzögerte Genehmigung kann z.B. das subjektive Recht des Unternehmers auf Produktion und Vertrieb erheblich beeinträchtigen und greift deswegen in Art. 12 GG ein. Die verzögerte Genehmigung einer Deponie oder einer Müllverbrennungsanlage kann die Gesundheit der Bevölkerung bedrohen, wenn Abfall nicht sachgerecht entsorgt werden kann; vgl. *Würtenberger*, Akzeptanz, S. 65.

250 *Würtenberger*, Akzeptanz, S. 66; zur Gegenauffassung, wonach die Öffentlichkeitsbeteiligung keinen Einfluss auf die Dauer der Genehmigungsverfahren hat, vgl. *Steinberg/Albert/Grams/Scharioth*, Zur Beschleunigung des Genehmigungsverfahrens für Industrieanlagen, S. 57.

251 *Würtenberger*, Akzeptanz, S. 66.

252 BT-Drs. 12/8553, S. 1.

253 *Würtenberger*, Akzeptanz, S. 67.

der Sozialpsychologie des Verfahrens[254] ist ein Bürger, der am Verfahren ausreichend beteiligt wurde, meistens mit dem Ergebnis des Verfahrens einverstanden, selbst wenn er eine andere Entscheidung für richtiger hält. Das Akzeptanz-Management, mit dem die Bürger die Gelegenheit erhalten, am Verwaltungsverfahren teilzunehmen, führt bei vielen (aber selbstverständlich nicht immer bei allen) Verfahrensbeteiligten zu psychologischer Zufriedenheit und deswegen zur Akzeptanz der Entscheidung. Gelingt es, für die Entscheidung bei den meisten Verfahrensbeteiligten Akzeptanz zu wecken, lässt sich der Tendenz der „Instrumentalisierung der Verwaltungsgerichtsbarkeit zur Durchsetzung politischer Ziele[255]“ und Strategien[256] durch eine Verbreitung der Akzeptanz von Verwaltungsentscheidung entgegenwirken[257].

Der gerichtliche Rechtsschutz gegen die Verwaltungsentscheidung führt in der Sache meistens zu einer Fortsetzung des Planfeststellungs- oder des Genehmigungsverfahrens im Gerichtsverfahren[258]. Ist im Verwaltungsverfahren bereits die Möglichkeit zum Kompromiss zwischen den streitenden Interessen gesucht worden, so ist ein gerichtliches Nachverfahren ohnehin aussichtslos und in der Regel entbehrlich[259].

---

254 *Gleim-Egg*, Kommunikative Problembewältigung in Staat und Privatwirtschaft, S. 106 ff.; *Hoffmann*, Verfahrensgerechtigkeit, S. 200; *Röhl*, in: Hof/Kummer/Weingart, Recht und Verhalten, S. 57 (70 ff.).

255 *Würtenberger*, Verwaltungsprozessrecht, Rn. 66.

256 Die Aktionen der Bürgerinitiativen zielen darauf, die Legitimität von Verwaltungsentscheidungen in Frage zu stellen und in Funk, Fernsehen und Presse Aufmerksamkeit zu erregen. Sie stellen den Einzelfall als Symptom einer Umwelt und Leben bedrohenden Krise dar und wecken vielfach Katastrophenfurcht und kollektive Ängste. Zu den wichtigen strategischen Mitteln, das eigene partikulare Interesse über die Öffentlichkeit zu multiplizieren, gehört auch der gerichtliche Rechtsschutz; vgl. *Brand*, Neue soziale Bewegungen in Westeuropa und den USA, S. 186 ff.; *Gleim-Egg*, Kommunikative Problembewältigung in Staat und Privatwirtschaft, S. 39 ff; *Grunow*, Bürgernahe Verwaltung, S. 10 ff.; *Höbel/Seibert*, Bürgerinitiativen und Gemeinwesenarbeit, S. 51 ff.; *Mayer-Tasch*, Die Bürgerinitiativbewegung, S. 151 ff.; *Stamm*, Alternative Öffentlichkeit, S 160 ff.; *Wiedermann/Femers/Hennen*, Bürgerbeteiligung bei entsorgungswirtschaftlichen Vorhaben, S. 53; vgl. auch *Würtenberger*, Akzeptanz, S. 35.

257 *Würtenberger*, Akzeptanz, S. 67.

258 *Paetow*, DVBl. 1994, 94 (96 f.).

259 *Würtenberger*, Akzeptanz, S. 67 f.

### cc) Übertragung des Akzeptanzbegriffs auf das Verwaltungsprozessrecht

Die oben ausgeführten Gedanken kann man mit aller Vorsicht auf das Verwaltungsprozessrecht übertragen.

#### *(1) Einschränkungen der Übertragung des Akzeptanzbegriffs auf das Verwaltungsprozessrecht*

Allerdings sind der Verfolgung von Akzeptanz bei verwaltungsgerichtlichen Entscheidungen als Normzweck der Beiladung auch Grenzen gesetzt. Im VwVfG ist der Personenkreis der Beteiligten relativ groß. Nach § 13 VwVfG sind neben dem Antragsteller und Antragsgegner auch diejenigen, an die die Behörde einen Verwaltungsakt richten will oder gerichtet hat, Beteiligte. So werden nicht nur der tatsächliche, sondern auch der potentielle Adressat eines Verwaltungsaktes Beteiligte, wenn eine Behörde gegen einen Bürger vorgehen will[260]. Dem Verwaltungsträger steht also ein Spielraum zur Verfügung, nach seinem zweckmäßigen Ermessen die Betroffenen als Beteiligte hinzuziehen.

Anders ist dies im verwaltungsgerichtlichen Verfahren. Da die Rechtsschutzgarantie des Art. 19 Abs. 4 GG primär auf den Individualrechtsschutz festlegt ist und dieser für Art. 19 Abs. 4 GG absolut vorrangig ist[261], sucht die VwGO den Kreis der potentiellen Kläger einzuschränken. Nach § 42 Abs. 2 VwGO setzen die Anfechtungsklage sowie Verpflichtungsklage eine plausible Behauptung der Verletzung subjektiv-öffentlicher Rechte voraus[262], um die

[260] Fraglich ist nur, wie man beurteilen kann, ob die Behörde einen Verwaltungsakt an den Betroffenen richten will oder gerichtet hat. Aus Gründen der Rechtssicherheit kann es nicht auf die bloße Absicht der Behörde oder auf eine behördeninterne Verfügungen ankommen. Es muss eine entsprechende nach außen gerichtete Mitteilung an den Betroffenen vorliegen, in der die Behörde ihren Willen deutlich ausdrückt, dass gegen ihn oder zu seinen Gunsten ein Verfahren eröffnet wird bzw. wurde; vgl. *Kopp/Ramsauer*, VwVfG, § 13 Rn. 21; a. A. offenbar *Ule/Laubinger*, Verwaltungsverfahrensrecht, § 15 Rn. 8 wonach es schon ausreicht, dass die Behörde ernsthaft erwägt, einen Verwaltungsakt an den Betroffenen zu richten. Es ist noch nicht einmal erforderlich, dass die Behörde bereits entschlossen ist, die Entscheidung über den Erlass des Verwaltungsaktes und dessen Adressaten zu treffen. Ansonsten liefen die Rechte, die das VwVfG dem Beteiligten einräumt, weitgehend leer.

[261] Vgl. *Schmidt-Aßmann*, in: Maunz/Dürig, Komm. zu GG, Art. 19 Abs. 4, Rn. 8; ebenso *Lorenz*, Der Rechtsschutz des Bürgers und die Rechtsweggarantie, S. 130 ff.; *Schenke*, in: Bonner Kommentar, Art. 19 Abs. 4 Rn. 25.

[262] Vgl. *Würtenberger*, Verwaltungsprozessrecht, Rn. 273 ff.; *Kopp/Schenke*, VwGO, § 42 Rn. 59; *Hufen*, Verwaltungsprozessrecht, § 14 Rn. 94; *Ehlers*, VerwArch. 84 (1993), 139 ff.;

Popularklage auszuschließen. Darüber hinaus ist das verwaltungsgerichtliche Verfahren sachgerecht zu beschränken, damit sich der Rechtsstreit nicht unnötig ausweitet und der effektive Rechtsschutz des Klägers dadurch verzögert wird[263]. So gesehen steht dem Verwaltungsgericht nur ein engerer Spielraum zur Verfügung, die Betroffenen zur Sicherung der Akzeptanz seiner Entscheidung durch die Beiladung in das Verfahren hinzuzuziehen.

#### *(2) Geltung der Zielsetzungen des Akzeptanz-Managements im Verwaltungsprozess*

Von den obigen Einschränkungen abgesehen, gelten die Zielsetzungen des Akzeptanz-Managements grundsätzlich auch im Verwaltungsprozess. Im verwaltungsgerichtlichen Verfahren sorgt das Akzeptanz-Management nicht nur für psychologische Zufriedenheit[264] bei den Verfahrensbeteiligten, sondern fördert auch den Rechtsfrieden und die Prozessökonomie.

Das Ergebnis eines Verwaltungsprozesses, in dem ein Rechts- und Tatsachengespräch geführt wird[265], sollte eine Entscheidung sein, die Rechtsfrieden stiftet. Rechtsfrieden kann aber nur erreicht werden, wenn die richterliche Konfliktschlichtung die Akzeptanz der streitenden Parteien findet. Dies ist dann der Fall, wenn die richterliche Entscheidung von der obsiegenden Partei für richtig und von der unterlegenen Partei für noch vertretbar und hinnehmbar gehalten wird[266].

Gelingt dies, trägt dies wesentlich zu einer prozessökonomischen Verfahrensgestaltung bei. Soweit die gerichtliche Entscheidung Akzeptanz bei den

---

vgl. aus der Rechtsprechung BVerwG DÖV 1981, 921 (922); BVerwG DÖV 1982, 323 (325).

[263] Siehe oben II. 2. c).

[264] Wie bereits oben ausgeführt, lässt sich psychologisch betrachtet zwischen Akzeptanz im Sinne einer nachträglichen Zustimmung zu von anderen getroffenen Entscheidungen und einer aus der gemeinsam entwickelten Problemlösung entstehenden prozedural begründeten Akzeptanz unterscheiden. Beteiligung am Verfahren führt bei vielen (aber nicht allen) Verfahrensbeteiligten dazu, die Entscheidung als „Schicksal" hinzunehmen. Diese psychologische Zufriedenheit, die eines der Ziele des Akzeptanz-Managements im Verwaltungsverfahren ist, gilt auch im Verwaltungsprozess; *Würtenberger*, Akzeptanz, S. 67; *ders.*, Verwaltungsprozessrecht, Rn. 9; siehe oben II. 2. f) bb) (2).

[265] *Pitschas*, ZRP 1998, 96 (101).

[266] *Herzog*, Von der Akzeptanz des Rechts, in: Rüthers/Stern, Freiheit und Verantwortung im Verfassungsstaat, S. 127 (128); *Hill*, JZ 1988, 377; *Würtenberger*, in: Eisenmann/Rill (Hg.), Jurist und Staatsbewusstsein, S. 79 ff.; siehe oben II. 2. f) bb) (2); vgl. auch *Würtenberger*, Verwaltungsprozessrecht, Rn. 9.

Verfahrensbeteiligten findet, werden die Rechtsmittel der Berufung und Revision nicht in Anspruch genommen. Außerdem wird das Urteil von der unterlegenen Partei freiwillig befolgt, so dass man sich die vollstreckungsrechtlichen Nachverfahren ersparen kann[267].

Das Rechtsinstitut der Beiladung eröffnet Dritten, deren rechtliche Interessen von der Gerichtsentscheidung betroffen sind, die Möglichkeit, am Verfahren teilzunehmen. Die Möglichkeit der Teilnahme am Verfahren verschafft Dritten psychologische Zufriedenheit und trägt wesentlich zur Akzeptanz der verwaltungsgerichtlichen Entscheidung bei. Außerdem werden der Rechtsfrieden und die Prozessökonomie dadurch gefördert, dass die Entscheidung bei Dritten Akzeptanz findet und das gesamte Verfahren vor Gericht verkürzt und beschleunigt wird.

Wie bereits oben ausgeführt, führt die Beteiligung Dritter am Verfahren lediglich auf den ersten Blick zu einer Verzögerung des Verwaltungsprozesses. Dieser Mehraufwand ist aber prozessökonomisch sinnvoll, wenn dadurch nachkommende Verwaltungsprozesse (von Dritten erhobene neue Klagen oder von den Parteien in Anspruch genommene Rechtsmittel) vermieden werden können[268]. Gelingt dies, wird durch das Rechtsinstitut der Beiladung Rechtsfrieden gestiftet.

### 3. Das Verhältnis der Zwecke zueinander

Das Rechtsinstitut der Beiladung dient also dem Rechtsschutzinteresse, der umfassenden Sachaufklärung, der Prozessökonomie, der Rechtssicherheit, dem rechtlichen Gehör und der Akzeptanz verwaltungsrechtlicher Entscheidungen. Fraglich ist nun, in welchem Verhältnis diese Zwecke zueinander stehen.

#### a) Kein Normzweck als der ausschließlich verfolgte Normzweck bei der Ausübung des verwaltungsgerichtlichen Beiladungsermessens

Zunächst stellt sich die Frage, ob das Verwaltungsgericht bei der Ausübung des Beiladungsermessens ausschließlich einen einzigen Normzweck berücksichtigen und alle anderen Normzwecke außer acht lassen kann.

[267] *Würtenberger*, Verwaltungsprozessrecht, Rn. 11.

[268] Siehe oben II. 2. f) bb) (3) (b).

### *aa) Das Rechtsschutzinteresse als der ausschließlich verfolgte Normzweck bei der Ausübung des verwaltungsgerichtlichen Beiladungsermessens?*

#### *(1) Vorbemerkung*

In der Literatur wird behauptet, dass das Rechtsschutzinteresse Ausgangspunkt der Normzwecke der Beiladung ist und dieses im Vordergrund steht[269]. Die Ansicht, dass das Rechtsschutzinteresse der ausschließlich zu berücksichtigende Normzweck bei der Ausübung des verwaltungsgerichtlichen Beiladungsermessens sein kann, wird offenbar aber nicht vertreten und wäre auch abzulehnen. Nach § 65 Abs. 1 VwGO „kann" das Gericht Dritte beiladen, deren rechtliche Interessen durch die Entscheidung berührt werden. Die ganz h. M. geht davon aus, dass die Beiladung in das Ermessen des Gerichts gestellt ist[270]. Ist das Gericht letztlich zuständig, die Entscheidung zu treffen, ob Dritte beigeladen werden, kann das Gericht nach seinem pflichtgemäßen Ermessen auch von einer Beiladung absehen, selbst wenn dieser am Verfahren teilnehmen will. Das Rechtsschutzinteresse kann deshalb nicht der ausschließlich verfolgte Normzweck bei der Ausübung des verwaltungsgerichtlichen Beiladungsermessens sein, weil sonst die Einräumung eines Beiladungsermessens kaum sinnvoll erscheint[271].

---

[269] *Bettermann*, DVBl. 1951, 72 (74); *Bosch/Schmidt*, Einführung, S. 70.

[270] „Das Gesetz gibt bei der einfachen Beiladung dem Dritten keinen Rechtsanspruch auf Beiladung, sondern überläßt es dem pflichtgemäßen Ermessen des Gerichts, ob es einen Beiladungsbeschluß erlassen will"; vgl. *Schmidt*, in: Eyermann, VwGO, § 65 Rn. 5; sieh ferner *Schmitt*, NJW 1949, 611 (612); *Redeker/von Oertzen*, VwGO, § 65 Rn. 12; *Schunck/De Clerck*, VwGO, §§ 65, 66, Erl. 2 f; *Ule*, Verwaltungsprozessrecht, § 22 II 1; *Kopp/Schenke*, VwGO, § 65 Rn. 6.

[271] *Schäfer*, Die Beiladung im Sozialgerichtsverfahren, S. 46; *Stettner*, Das Verhältnis der notwendigen Beiladung zur notwendigen Streitgenossenschaft im Verwaltungsprozess, S. 75.

### *(2) Exkurs: Beiladungsermessen des Gerichtes oder Anspruch Dritter auf Beiladung*

Entgegen der h. M. ist *Grunsky*[272] allerdings der Ansicht, dass die Befugnis zur Beiladung nicht in der Hand des Gerichts liege und der Dritte auch in den Fällen der einfachen Beiladung einen Anspruch auf Beiladung habe.

*Grunsky* begründet seine Ansicht mit dem Argument, dass die Vorschriften über die einfache Beiladung die Sachverhalte regeln wollten, die im Zivilprozessrecht von der Nebenintervention geregelt würden. Aus diesem Grund nehme die h. M. an, dass die Nebenintervention und die Streitverkündung im Verwaltungsprozess nicht zulässig seien, weil deren Funktion von der einfachen Beiladung übernommen werde[273]. Im Zivilprozess dürfe aber derjenige, bei dem die Voraussetzungen der Nebenintervention vorlägen, nach seinem eigenen Ermessen die Entscheidung treffen, ob er an dem Prozess teilnehme[274]. Um dieser Funktion zu entsprechen, solle der Dritte unter den Voraussetzungen des § 65 Abs. 1 VwGO auch einen Anspruch auf Beiladung haben, wenn er an dem Prozess teilnehmen wolle. Ausgehend von diesem Vergleich zum Zivilprozessrecht interpretiert *Grunsky* den Wortlaut des § 65 Abs. 1 VwGO dahin, dass sich das Wort „kann" in § 65 Abs. 1 VwGO nicht auf den Ermessensspielraum, sondern nur auf die Beiladung „von Amts wegen" beziehe. Das Gericht habe bei der einfachen Beiladung dann keinen Ermessensspielraum, wenn der Dritte einen Antrag auf Beiladung stelle[275].

Die Ansicht *Grunskys* ist aus den folgenden Gründen abzulehnen:

(a) Die Auslegung widerspricht offensichtlich dem Wortlaut des § 65 Abs. 1 VwGO[276]. Das Wort „kann" bezieht sich nicht nur, wie *Grunsky* meint, auf „von

---

[272] *Grunsky*, Grundlagen des Verfahrensrechts, S. 287.

[273] *Schunck/De Clerck*, VwGO, §§ 65, 66 Anm. 1 b; *Redeker/von Oertzen*, VwGO, Rn. 1; *Ule*, Verwaltungsprozessrecht, § 22 I 1; VGH Kassel, NJW 1965, 603.

[274] Soweit der Dritte den Antrag auf Nebenintervention gestellt hat, ist er dem Verfahren beigetreten, wenn die Nebenintervention nicht wegen Fehlens einer Prozessvoraussetzung in der Person des Nebenintervenienten (z.B. Prozessunfähigkeit) zurückgewiesen werden muss. Das Gericht prüft nicht von Amts wegen, ob die Voraussetzungen für den Beitritt gegeben sind, soweit eine Partei nicht ausdrücklich einen Antrag auf Zurückweisung stellt; vgl. BGHZ 38, 110 (111); *Jauernig*, Zivilprozessrecht, § 83, III; vgl. weiter *Rosenberg/ Schwab/Gottwald*, Zivilprozessrecht, § 50, III. 1.;*Thomas/Putzo*, ZPO, § 66, Rn. 9 ff.

[275] *Grunsky*, Grundlagen des Verfahrensrechts, S. 288 f.

[276] *Lammenett*, Nebenintervention, S. 25; *Schäfer*, Die Beiladung im Sozialgerichtsverfahren, S. 92; derselbe Meinung *Stettner*, Das Verhältnis der notwendigen Beiladung zur notwendigen Streitgenossenschaft im Verwaltungsprozess, S. 76.

Amts wegen“, sondern auch auf „auf Antrag“ und räumt dem Gericht sowohl bei der amtswegigen als auch bei der vom Dritten beantragten Beiladung einen Ermessensspielraum ein. Zudem ergibt sich aus der Begründung des Regierungsentwurfs der VwGO, dass der Gesetzgeber dem Gericht bei der einfachen Beiladung einen Ermessensspielraum einräumen wollte[277].

(b) Es ist nicht notwendig, dem Dritten bei der einfachen Beiladung einen Anspruch auf die Beteiligung am Prozess zu geben, weil er seine Rechte anderweitig durchsetzen kann. Liegen die Voraussetzungen der einfachen Beiladung vor und wird er tatsächlich beigeladen, hat er im Verfahren Gelegenheit, an dem Prozess teilzunehmen, um seine rechtlichen Interessen zu verteidigen. Wird er nicht beigeladen, kann über seine Rechtsposition durch die Gerichtsentscheidung nicht endgültig entschieden werden, weil er nicht an das Urteil gebunden ist. Insbesondere kann er in einem zukünftigen Prozess seine Rechte geltend machen, ohne durch die ohne seine Beteiligung ergangene Entscheidung präkludiert zu sein. Im Gegensatz zur notwendigen Beiladung, bei der die Rechte des Beigeladenen unmittelbar umgestaltet werden und er in Zukunft keine Gelegenheit mehr hat, diese zu verteidigen, besteht bei der einfachen Beiladung so keine Notwendigkeit, dem Dritten einen Anspruch auf die Beteiligung am Prozess zu geben.

(c) Die Ermessensbefugnis des Gerichtes erlaubt es, das Verfahren sachgerecht abzugrenzen und zu beschränken, um zu verhindern, dass der Rechtsstreit unnötig oder unzweckmäßig ausgeweitet wird[278]. Hätten Dritte bei der einfachen Beiladung einen Anspruch auf Teilnahme am Prozess, so könnte dies zu komplizierten Verfahren und zur Einschränkung der Prozessökonomie führen.

---

[277] „ ... Im wesentlichen wird die bisherige Regelung der Verwaltungsgerichtsgesetze übernommen. Geklärt wurde, daß ein Rechtsanspruch auf Beteiligung nur besteht, wenn ein Fall der sogenannten notwendigen Beiladung vorliegt, ... Im übrigen aber soll die Beiladung dem pflichtgemäßen Ermessen des Gerichts überlassen bleiben, weil nicht immer genügend deutlich erkennbar ist, welche Dritte durch eine Entscheidung in ihren rechtlichen Interessen – vielleicht nur ganz entfernt – ‚berührt werden‘ können; es soll aber nicht ein Herd für prozessuale Mängel geschaffen werden, die den Querulanten willkommene Möglichkeiten böten. Die Interessen Dritter werden dadurch in keiner Weise gefährdet, da ihnen gegenüber, wenn sie nicht beigeladen sind, keine Rechtskraftwirkung entsteht. ...“; vgl. die amtliche Begründung des Regierungsentwurfs zu §§ 66, 67 des Entwurfs der VwGO, BT-Drs. III/55, S. 37.

[278] *Stober*, FS für Menger, S. 401 (414).

#### *(3) Zwischenergebnis*

Die Ansicht, dass das Rechtsschutzinteresse nicht der ausschließlich verfolgte Normzweck bei der Ausübung des verwaltungsgerichtlichen Beiladungsermessens sein kann, wird ferner durch die Möglichkeit einer Beiladung von Amts wegen gem. § 65 Abs. 1 VwGO bestätigt. So kann der Dritte in ein zwischen anderen Parteien anhängiges Verfahren auch dann einbezogen werden, wenn er am Verfahren gar nicht teilnehmen will. Hier zeigt sich, dass die Beiladung nicht ausschließlich dem Rechtsschutzinteresse Dritter dient. Der Gesetzgeber will mit ihr auch andere Normzwecke, wie z.B. Prozessökonomie oder Rechtssicherheit fördern[279].

### *bb) Prozessökonomie als der ausschließlich verfolgte Normzweck bei der Ausübung des verwaltungsgerichtlichen Beiladungsermessens?*

Zum Teil wird in der Rechtsprechung bei der Ausübung des verwaltungsgerichtlichen Beiladungsermessens die Ansicht vertreten, dass die Beiladung ausschließlich der Prozessökonomie diene und sie deshalb nur im Falle der Rechtskrafterstreckung zulässig sei[280].

Diese Ansicht wird damit begründet, dass nur solche Personen und Behörden beizuladen sind, denen gegenüber eine Erstreckung der Rechtskraft des künftigen Urteils in Betracht kommt. Ansonsten wäre die Beiladung zwecklos. Das Rechtsinstitut der Beiladung wird eng mit der materiellen Rechtskraft des Urteils verbunden. Die Voraussetzung der einfachen Beiladung in § 60 VGG in der amerikanischen Besatzungszone, dass die rechtlichen Interessen Dritter durch die Entscheidung berührt werden, wird dahingehend interpretiert, dass die Rechtskraft des künftigen Urteils sich auch auf die Beigeladenen erstreckt[281].

Diese Ansicht wurde vor dem Inkrafttreten der VwGO in den 50er Jahren, als die notwendige Beiladung im positiven Recht noch nicht geregelt war[282], vertreten[283]. Nachdem die VwGO in kraft getreten ist und die Rechtskraft-

---

279 *Bettermann*, DVBl. 1951, 72 (74).

280 LVG Hannover, DV 1949, 412; LVG Braunschweig mit Anmerkung von *Dernedde*, DV 1949, 443; auch das BVerwG bezeichnet die Prozessökonomie als den die Beiladung eigentlich rechtfertigenden Zweck, vgl. BVerwGE 65, 131 (136).

281 LVG Braunschweig mit Anmerkung von *Dernedde*, DV 1949, 443.

282 Dazu ausführlich oben II. 1. c).

283 Bettermann, DVBl 1951, 72 (74).

erstreckung auf die Beigeladenen in § 121 Nr. 1 i. V. m. § 63 Nr. 3 VwGO ausdrücklich angeordnet ist, ist diese Ansicht nicht mehr vertretbar[284].

#### *cc) Die umfassende Sachaufklärung nicht der ausschließlich verfolgte Normzweck bei der Ausübung des verwaltungsgerichtlichen Beiladungsermessens*

Die umfassende Sachaufklärung kann ebenfalls nicht als der ausschließlich verfolgte Normzweck bei der Ausübung des verwaltungsgerichtlichen Beiladungsermessens angesehen werden[285]. Eine Beiladung ist nicht schon deshalb zulässig, weil sie der Sachaufklärung des Streitfalls dient. Ansonsten könnten Dritte bloß aus verfahrensrechtlichen Erwägungen ins Verfahren einbezogen werden[286]. Dies ist mit dem Ausgangszweck der Interessenwahrung

---

[284] Bereits zuvor ist die Auffassung zu Recht ganz überwiegend abgelehnt worden. Die Rechtskrafterstreckung der verwaltungsgerichtlichen Entscheidung gegenüber dem Beigeladenen ist im Zusammenhang mit der durch die Beiladung herbeigeführten Beteiligungsmöglichkeit am Verfahren zu sehen. Die Beteiligtenstellung und die daraus erwachsenden prozessualen Rechte ermöglichen dem Beigeladenen, das künftige Ergebnis der Entscheidung zu beeinflussen. So gesehen ist die Rechtskrafterstreckung auf den Beigeladenen nur eine konsequente Folgerung aus dieser Einwirkungsmöglichkeit (vgl. bereits *Schultzenstein*, VerwArch. 19, 1, 17; zustimmend *Joeres*, Die Rechtsstellung des notwendigen Beigeladenen im Verwaltungsstreitverfahren, S. 72; *Müncks*, Die Beiladung im Verwaltungsstreitverfahren, S. 9; *Stahl*, Beiladung und Nebenintervention, S. 132; *Stober*, FS für Menger, S. 401, 409; *Ule*, Verwaltungsprozessrecht, § 22 I. 1.), keinesfalls aber die ausschließliche Voraussetzung der Beiladung. Wie oben bereits erwähnt, ist das Rechtsschutzinteresse der weitgehend verkannte Ausgangspunkt des Rechtsinstitutes der Beiladung. Es ist durchaus vorstellbar, dass eine Beiladung auch ohne Verfolgung der Prozessökonomie immer noch sinnvoll bleibt. Denn in jedem Fall trägt das Rechtsinstitut der Beiladung dazu bei, dass Dritte, deren rechtliche Interessen durch die Entscheidung berührt werden, die Gelegenheit erhalten, ihre Rechte zu verteidigen; vgl. *Bettermann*, DVBl. 1951, 72 (74 f.); *Bier*, in Schoch/Schmidt-Aßmann/Pietzner, VwGO, § 65 Rn. 7 Fn. 14; *Müncks*, Die Beiladung im Verwaltungsstreitverfahren, S. 9 f.; *Stettner*, Das Verhältnis der notwendigen Beiladung zur notwendigen Streitgenossenschaft im Verwaltungsprozess, S. 77 f.; *Stober*, FS für Menger, S. 401 (409).

[285] Diese Ansicht wurde schon anfangs des 20. Jahrhunderts vertreten: „Zweck der Beiladung ist Interessenwahrnehmung, nicht Aufklärung"; vgl. *Hüttenheim,* Die Beiladung im Verwaltungsstreitverfahren, S. 16 f.

[286] So gesehen vermag die Ansicht des PrOVG, dass das Rechtsinstitut der Beiladung Ausfluss der Untersuchungsmaxime sei, nicht zu überzeugen. Ganz im Gegenteil findet in den Beiladungsvorschriften ein Stück berechtigter Skepsis gegen den Wert der Untersuchungsmaxime als Garantie für richtige Sachverhaltsermittlung Ausdruck, weil hier die Haupterwägung der Verhandlungsmaxime, dass das Parteiinteresse ein guter (wenn nicht der beste) Motor zur Wahrheitsaufklärung ist, anerkannt wird; vgl. PrOVGE 1, 432

Dritter unvereinbar und würde schwierige Abgrenzungsfragen aufwerfen[287]. Außerdem besteht auch keine tatsächliche Notwendigkeit, Dritte lediglich im Interesse umfassender Sachaufklärung in das Verfahren einzuziehen, da das Verwaltungsgericht sie gemäß § 96 VwGO auch als Zeugen vernehmen kann.

Der Aufklärungszweck darf nur dann eine Rolle spielen, wenn eine Beiladung wegen des Rechtsschutzinteresses bzw. der Rechtskrafterstreckung (Prozessökonomie) statthaft ist. Mit anderen Worten ist die Beiladung also nur dann zulässig, wenn durch die Verteidigung der eigenen Interessen des Dritten zugleich ein Beitrag zur umfassenden Sachverhaltsaufklärung geleistet werden kann[288]. Das Sachaufklärungsinteresse darf also bei der Ausübung des verwaltungsgerichtlichen Beiladungsermessens nicht alleiniges bestimmendes Moment, sondern nur Folge der Beiladung sein[289].

### b) Keine Gleichrangigkeit der Normzwecke

Die oben herausgearbeiteten Zwecke stehen nicht gleichrangig nebeneinander. Einzelne Zwecke werden von der Literatur besonders betont, um ihnen ein verstärktes Gewicht zu verleihen. So wird das Rechtsschutzinteresse teilweise als „Ausgangspunkt[290]“ der Normzwecke der Beiladung gesehen oder behauptet, dass dieses im Vordergrund steht. Teilweise wird die Rechtskrafterstreckung als „der die Beiladung eigentlich rechtfertigende Zweck[291]“, der „wesentliche Sinn[292]“, der „Endzweck[293]“ oder „Hauptzweck[294]“

(434 f.); 11, 190 (192 f.); *Müncks*, Die Beiladung im Verwaltungsstreitverfahren, S. 7; *Bettermann*, DVBl. 1951, 72 (74).

[287] *Stober*, FS für Menger, S. 401 (409).

[288] *Schäfer*, Die Beiladung im Sozialgerichtsverfahren, S. 47; derselben Meinung *Bettermann*, DVBl 1951, 72 (74); *Bier*, in Schoch/Schmidt-Aßmann/Pietzner, VwGO, § 65 Rn. 7; *Schmitt*, NJW 1949, 611; *Redeker/von Oertzen*, § 65 Rn. 1; *Schunck/De Clerck*, §§ 65, 66 Anm. 1 a; *Stettner*, Das Verhältnis der notwendigen Beiladung zur notwendigen Streitgenossenschaft im Verwaltungsprozess, S. 77.

[289] *Müncks*, Die Beiladung im Verwaltungsstreitverfahren, S., 7; *Stober*, FS für Menger, S. 401 ( 409); ähnlich *Stahl*, Beiladung und Nebenintervention, S. 68.

[290] *Bettermann*, DVBl. 1951, 72 (74); *Bosch/Schmidt*, Einführung, S. 70.

[291] BVerwGE 65, 131 (136) = NJW 1983, 1012.

[292] *Scholler/Bross*, Verfassungs- und Verwaltungsprozessrecht, Rn. 452.

[293] *Ule*, Verwaltungsprozessrecht, § 22 I 1, S. 111.

[294] *Konrad*, BayVBl. 1982, 481 (483): „Da schon Hauptzweck der einfachen Beiladung, könne die Prozeßökonomie nicht zugleich spezifischer Zweck der notwendigen Beiladung sein.“

der Beiladung gesehen. Damit stellt sich die Frage, welcher der oben genannten Normzwecke das größte Gewicht hat.

### *aa) Die geringe Bedeutung des Normzwecks der umfassenden Sachaufklärung*

Der Zweck umfassender Sachaufklärung hat am wenigsten Gewicht. Nach dem oben Gesagten[295] darf er keinesfalls als der einzige Normzweck angesehen werden. Der Aufklärungszweck kann nur dann eine Rolle spielen, wenn eine Beiladung wegen des Rechtsschutzinteresses bzw. der Rechtskrafterstreckung (Prozessökonomie) statthaft ist. Das öffentliche Interesse an umfassender Sachaufklärung tritt hinter das individuelle Rechtsschutzinteresse des Dritten einerseits und das öffentliche Interesse an Rechtskrafterstreckung auf den Dritten andererseits zurück[296] und wird als „gewollter Nebeneffekt" bezeichnet[297].

### *bb) Die Nachrangigkeit des Rechtsschutzinteresses gegenüber der Prozessökonomie*

Nun ist weiterhin fraglich, ob und welcher von den übrigen Normzwecken mehr Gewicht hat. Hier geht es insbesondere darum, ob die Prozessökonomie oder das Rechtsschutzinteresse vorrangig ist.

In der Literatur wird die Auffassung vertreten, dass die beiden Normzwecke verschiedene, aber gleich wichtige Funktionen hätten. Dies wird damit begründet, dass es „dem verfassungsrechtlichen Rang des Individualrechtsschutzes nicht angemessen wäre, das Rechtsschutzinteresse des beizuladenden Dritten a priori den Gesichtspunkten der Prozeßökonomie und der Rechtskrafterstreckung unterzuordnen"[298]. Nach dieser Ansicht sei die Rechtskrafterstreckung eine konsequente Folgerung des Rechtsschutzinteresses. Man spricht insoweit vom Endzweck, während das Rechtsschutzinteresse der Anfangzweck ist[299]. Die beiden Normzwecke seien gleichgewichtig.

Diese Ansicht vermag nicht zu überzeugen. Die beiden Normzwecke haben zwar verschiedene Funktionen, gleichgewichtig sind sie aber jedenfalls nicht.

---

[295] Siehe oben II. 3. a) cc).

[296] *Bier*, in: Schoch/Schmidt-Aßmann/Pietzner, VwGO, § 65 Rn. 7.

[297] *Dienes*, DVBl. 1980, 672 (675); vgl. auch *Stober*, FS für Menger, S. 401 (409).

[298] *Bier*, in Schoch/Schmidt-Aßmann/Pietzner, VwGO, § 65 Rn. 7.

[299] *Stober*, FS für Menger, S. 401 (409).

Wie oben schon erörtert, ist das Gericht bei der einfachen Beiladung nach § 65 Abs. 1 VwGO berechtigt, nach seinem pflichtgemäßen Ermessen die Entscheidung zu treffen, ob es Dritte beilädt oder nicht. Das heißt, der Dritte kann trotz seines Antrags nicht beigeladen werden, wenn das Gericht nach Abwägung der Individualinteressen (Rechtsschutzinteresse Dritter) und der öffentlichen Interessen (Prozessökonomie) die Beiladung für unzweckmäßig hält. Auf der anderen Seite kann das Gericht von Amts wegen den Dritten beiladen, selbst wenn er an dem Prozess nicht teilnehmen will. Über seine rechtlichen Interessen wird dann in dem Verfahren mitentschieden, selbst wenn er sich nicht aktiv am Rechtsstreit beteiligt. Jedenfalls wird er gem. § 121 Nr. 1 i. V. m. § 63 Nr. 3 VwGO an das Urteil gebunden. Insoweit ist die Beiladung vom Interesse des Dritten losgelöst[300]. Wären die beiden Normzwecke gleichgewichtig, dürfte der Dritte keinesfalls gegen seinen Willen in den Prozess einbezogen werden[301].

Die Ansicht, dass die beiden Normzwecke gleichgewichtig seien, wird ferner damit begründet, dass die Gegenauffassung „dem verfassungsrechtlichen Rang des Individualrechtsschutzes nicht angemessen wäre". Diese Argumentation verkennt jedoch, dass die einfache Beiladung im Gegensatz zur notwendigen Beiladung kein verfassungsrechtlich garantiertes Rechtsinstitut ist, sondern nur einfachgesetzlich fundiert ist[302]. Mit anderen Worten findet die einfache Beiladung keine verfassungsrechtliche Grundlage im Grundgesetz. Das Grundrecht auf Individualrechtsschutz wird folglich nicht verletzt, wenn man annimmt, dass die Prozessökonomie mehr Gewicht hat als das Rechtsschutzinteresse.

### c) Reduzierung des gerichtlichen Beiladungsermessens aufgrund der Prozessökonomie als Gebot des Rechtsstaatsprinzips

Das Ergebnis, dass die Prozessökonomie als der wichtigste Normzweck des Institutes der Beiladung gilt, hat praktische Wirkung auf die Ausübung des Beiladungsermessens. Wie oben bereits ausgeführt, ermächtigt die Prozessökonomie das Gericht, den Dritten von Amts wegen beizuladen, selbst wenn er

---

300 *Bettermann*, DVBl 1951, 72 (74).

301 *Schäfer*, Die Beiladung im Sozialgerichtsverfahren, S. 48.

302 So die h. M.; vgl. *Kopp/Schenke*, VwGO, § 65 Rn. 1.; *Nottbusch*, Die Beiladung im Verwaltungsprozess, S. 85; *Schmidt-Aßmann*, in: Maunz/Dürig, Komm. zu GG, Art. 19 Abs. 4 Rn. 272; wohl auch *Bichler*, Die notwendige Beiladung, S. 57 ff.; *Konrad*, BayVBl. 1982, 481 (483 f.).

an dem Prozess nicht teilnehmen will[303]. Weiter stellt sich die Frage, ob von der einfachen Beiladung aus Gründen der Prozessökonomie verstärkt in der Rechtspraxis Gebrauch gemacht werden sollte. Die Prozessökonomie, die Element des Rechtsstaatsprinzips ist[304], verpflichtet das Gericht, das Rechtsinstitut der (einfachen) Beiladung prozessökonomisch zu benutzen. Wie unten noch auszuführen ist, ist die Prozessökonomie ein rechtsethisches Prinzip, das von Gerechtigkeits- und Wertvorstellungen lebt und nicht außer acht gelassen werden darf. Die knappen staatlichen Ressourcen im Bereich der Rechtspflege müssen in optimaler Weise verteilt werden, damit die Rechtspflege trotz ihrer latenten Überforderung weiterhin ihre Funktionen im Rechtsstaat zu erfüllen vermag, was die Prozessökonomie zugleich verfassungsrechtlich fundiert[305]. Dies ist vom Gericht bei der Entscheidung über eine beantragte oder amtswegige Beiladung zu beachten.

So gesehen ist entgegen der überwiegend vertretenen Meinung der Raum des gerichtlichen Beiladungsermessens begrenzt. Das Gericht darf die Beiladung nur dann unterlassen, wenn das rechtliche Interesse Dritter nur geringfügig von der Entscheidung berührt wird und eine Beiladung nicht zur Prozessökonomie beiträgt oder diese eine überlange Verfahrensdauer verursacht, die den Rechtsschutz des Klägers verkürzt und dadurch mit dem Gebot des effektiven Rechtsschutzes gemäß Art. 19 Abs. 4 GG in Widerspruch geraten muss. Letzterer Einschränkung kommt insbesondere im Falle eines übergroßen Personenkreises der Beigeladenen Bedeutung zu. Liegen derartige Umstände nicht vor, ist das Gericht verpflichtet, Dritte, deren rechtliche Interessen von der Entscheidung berührt werden, beizuladen[306].

Der Raum des gerichtlichen Beiladungsermessens ist äußerst eng bemessen, wenn die Akzeptanz einer verwaltungsgerichtlichen Entscheidung durch massiven Bürgerprotest gefährdet ist. Hier kann eine Beiladung einen wichtigen Beitrag zu einer prozessökonomischen Verfahrensgestaltung leisten. Einerseits erstreckt sich die Rechtskraft der Gerichtsentscheidung auf die Beigeladenen, so dass sie in einem weiteren Prozess ihre Rechte nicht mehr geltend machen können und dadurch größere Streitkomplexe in einer Entscheidung erledigt werden. Andererseits kann bei den Beigeladenen Akzeptanz geschaffen werden, so dass sie auf weitere Rechtsmittel verzichten und die gesamten Nachverfahren

---

[303] Siehe oben II. 3. b) bb).

[304] Dazu ausführlich siehe unten II. 4. a) aa).

[305] Dazu ausführlich siehe unten II. 4. a) aa).

[306] Allerdings stellt die Unterlassung einer einfachen Beiladung keinen Verfahrensfehler dar und hat auch keine prozessualen Folgen, vgl. BVerwG NJW 1975, 70 (71); *Würtenberger*, Verwaltungsprozessrecht, Rn. 230; vgl. auch *Kopp/Schenke*, VwGO, § 65 Rn. 42 m. w. N.

(Berufungs-, Revisions- und Vollstreckungsverfahren) vermieden werden. Die Verwaltungsgerichte sind daher gehalten, von der Möglichkeit einer einfachen Beiladung möglichst umfangreich Gebrauch zu machen und die Streitsache in einem Prozess zu erledigen, damit der Überlastung der Verwaltungsgerichtsbarkeit entgegenwirkt werden kann[307].

### 4. Der besondere Zweck der notwendigen Beiladung

Nach § 65 Abs. 2 VwGO ist das Gericht verpflichtet, Dritte in den Prozess einzubeziehen, wenn die gerichtliche Entscheidung ihnen gegenüber nur einheitlich ergehen kann. Davon ist auszugehen, sofern Rechte Dritter durch die gerichtliche Entscheidung entweder bestätigt, verändert oder aufgehoben werden[308]. Die Unterlassung der notwendigen Beiladung stellt grundsätzlich einen schweren Verfahrensmangel dar, der zur Aufhebung des betroffenen Urteils führt[309]. Um diese schwerwiegende Rechtsfolge zu rechtfertigen, muss einem bzw. mehreren der oben genannten allgemeinen Normzwecke der Beiladung bei der notwendigen Beiladung ein besonderes Gewicht zukommen.

#### a) Prozessökonomie

Als erster Normzweck, der die Notwendigkeit der Beiladung begründen könnte, kommt die Prozessökonomie in Betracht. Diese Ansicht kann mit zwei Argumenten begründet werden. Das eine ist das verfassungsrechtliche Gebot des Rechtsstaatsprinzips, das andere ist die Wirksamkeit des Gestaltungsurteils.

##### *aa) Das Rechtsstaatsprinzip*

Wie oben bereits erwähnt, ist der Grundgedanke der Prozessökonomie die Verringerung staatlichen Arbeitsaufwandes[310]. Die Prozessökonomie bezweckt aber nicht, der Bequemlichkeit der Gerichte zu dienen, sondern zielt auf eine

---

[307] Dies gilt jedoch nur unter der Bedingung, dass dies nicht zu einer überlangen Prozessdauer und damit zur Verweigerung des effektiven Rechtsschutzes der Hauptpartei führt.

[308] *Würtenberger*, Verwaltungsprozessrecht, Rn. 226.

[309] Die Rechtsfolge einer unterlassenen notwendigen Beiladung beim Gestaltungsurteil ist sehr umstritten. Das Meinungsspektrum reicht von absoluter Unwirksamkeit, relativer Unwirksamkeit bis hin zur Wirksamkeit des Urteils, siehe unten den Exkurs im II. 4. a) bb) (2).

[310] Siehe oben II. 2. c).

Entlastung der Gerichte, um Kräfte für die Erfüllung ihrer Aufgaben freizugeben[311]. Die Prozessökonomie ist kein rein rechtstechnisches Prinzip[312], das in das Belieben des Prozessgesetzgebers gestellt ist, sondern ein rechtsethisches Prinzip[313], das von Gerechtigkeits- und Wertvorstellungen lebt. Der Grundsatz der Prozessökonomie wird deshalb auch aus der Natur der Sache abgeleitet[314]. Als rechtsethisches Prinzip wird die Prozessökonomie nicht gesetzt, sondern gefunden[315]. So hat der Prozessgesetzgeber keine Freiheit, sich für eine Prozessordnung zu entschließen, die die Prozessökonomie außer aller acht lässt[316].

Dies wird noch deutlicher, wenn man an die heutige Situation der Verwaltungsgerichtsbarkeit denkt, in der haushaltspolitisch ein weiterer Stellenzuwachs nicht zu erwarten ist und die Belastung der Rechtspflege weiter zunimmt[317]. Hier fordert das Rechtsstaatsprinzip den Gesetzgeber geradezu dazu

---

311 *Von Mettenheim*, Der Grundsatz der Prozessökonomie im Zivilprozess, S. 27.

312 Die Zivilprozessrechtslehre der 1920er Jahren betrachtete das Prozessrecht dagegen als rein technisches Recht, vgl. z.B. James *Goldschmit*, Der Prozess als Rechtslage, 1925, S. 292: „Für die prozessuale Betrachtungsweise hat der Recht, der voraussichtlich Recht behalten wird; sie ist, wenn man so will, moralinfrei".

313 Die rechtsethischen Prinzipien sind z.B. der allgemeine Gleichheitsgrundsatz im Verfassungsrecht oder der Grundsatz von „Treu und Glauben" im Rechtsverkehr. Diese Prinzipien haben ihre Wurzeln im ethischen Bereich. Sie sind „objektive Rechtsgedanken", „richtungsgebende Maßstäbe rechtlicher Normgebung, deren innere Überzeugungskraft sie zu gestaltenden Faktoren der Rechtsentwicklung werden läßt", vgl. *Larenz*, NJW 1965, 1 (7 ff.); *Larenz/Canaris*, Methodenlehre, S. 314 ff.

314 *Canaris*, Die Feststellung von Lücken im Gesetz, S. 118 ff.

315 *Larenz*, NJW 1965, 1 (7).

316 Zwar kann der Gesetzgeber sich im Einzelfall für ein umständliches Verfahren oder unzweckmäßigere Regelungen entscheiden. Er hat aber nicht die Freiheit, die Umständlichkeit, Unzweckmäßigkeit, Prozessverdoppelung und die Prozessverschleppung zum System zu erheben, vgl. *Schumann*, in: FS für Larenz, S. 271 (280).

317 Die größte Zunahme der Prozesse in der Zivilgerichtsbarkeit ist für die Jahre nach 1924 festzustellen. Diese Zahl hat in der Zeit von 1970-1980 um die Hälfte zugenommen. Der Geschäftsanfall des Bundesverfassungsgerichtes hat sich in demselben Zeitraum hingegen verdoppelt, derjenige der Verwaltungs- und Finanzgerichtsbarkeit sich sogar vervierfacht, vgl. *Rehbinder*, Rechtssoziologie, S. 215 f; *ders.*, Fortschritte und Entwicklungstendenzen einer Soziologie der Justiz, S. 40 f.; *Röhl*, Rechtssoziologie, S. 554. *Sendler* erklärt das Phänomen der stetig steigenden Anrufung der Gerichte mit zwei Entwicklungslinien, nämlich dem abnehmenden Rechtsbewusstsein und der zunehmenden Konfliktbereitschaft, vgl. *ders.*, DÖV 1989, 482 (488); vgl. auch *Stelkens*, DVBl. 1995, 1105 (1107). Zu den ökonomischen Rahmenbedingungen der Gerichtsbarkeit im Rechtsstaat vgl. *Würtenberger*, Ökonomische Grenzen der Rechtspflege im Rechtsstaat, S. 33 (39 ff.).

auf, den Grundsatz der Prozessökonomie zu beachten, weil im Rechtsstaat eine funktionsfähige Rechtspflege trotz dieser ungünstigen Rahmenbedingungen sicherzustellen ist. Der Staat muss dic knappen Ressourcen durch Gestaltung des Prozessrechtes in optimaler Weise verteilen, um die Rechtsschutzdefizite und die Einbußen an Rechtsstaatlichkeit zu vermeiden oder wenigstens zu begrenzen. So gesehen besteht für den Gesetzgeber die Pflicht[318], das Prozessrecht derart zu gestalten, dass nicht nur die Interessen an der Rechtsrichtigkeit, sondern auch an dem zeitlichen Schutzbedürfnis der Beteiligten in kompatibler Weise erfüllt werden können[319].

Dies muss bei der Auslegung des § 65 Abs. 2 VwGO beachtet werden. Es würde gegen den Grundsatz der Prozessökonomie, aber auch gegen das Gebot des Rechtsstaatsprinzips verstoßen, wenn ein Rechtsstreit zunächst nur zwischen Kläger und Beklagten und dann erneut zwischen dem Beigeladenen und einer Partei des Erstprozesses verhandelt werden müsste, obwohl der Beigeladene des Zweitprozesses am Verfahren des Erstprozesses hätte teilnehmen können und die Beiladung nicht anderen Prozessgrundsätzen (z.B. Beschleunigung des Verfahrens) widersprochen hat.

Daher fordert die Prozessökonomie als Element des Rechtsstaatsprinzips einerseits eine Reduzierung des gerichtlichen Beiladungsermessens, andererseits eine vorsichtige Erweitung des Anwendungsbereichs notwendiger Beiladung.

### *bb) Die Sicherung der Wirksamkeit von Gestaltungsurteilen*

#### *(1) Vorbemerkung*

Das zweite Argument, den Normzweck der notwendigen Beiladung in der Prozessökonomie zu suchen, geht von der Wirksamkeit des Gestaltungsurteils aus. Nach der h. M. zieht die Unterlassung einer notwendigen Beiladung die absolute Unwirksamkeit eines Gestaltungsurteils nach sich[320]. Daran anschließend wird die Ansicht vertreten, dass die notwendige Beiladung der Prozessökonomie dadurch dient, dass die Gestaltungswirkung des Urteils durch die notwendige Beiladung darum herbeigeführt wird, um einen unnötigen

---

[318] Die Pflicht, den Mitteleinsatz zur Erreichung angestrebter Ziele unter gleichzeitiger Beachtung der rechtsstaatlichen Grundsätze zu optimieren, wird von *Pitschas* als Pflicht zur „rechtsstaatlichen Effizienz“ bezeichnet, vgl. *ders.*, ZRP 1998, 96 (98).

[319] *Würtenberger*, Ökonomische Grenzen der Rechtspflege im Rechtsstaat, S. 33 (44).

[320] Dazu siehe unten II. 4. a) bb) (2) den Exkurs.

Zweitprozess zu verhindern. In diesem Sinne ist die Sicherung der Gestaltungswirkung der Sonderzweck der notwendigen Beiladung[321].

### *(2) Exkurs: Die Konsequenzen einer Unterlassung der notwendigen Beiladung*

In der Literatur und der Rechtsprechung sind die Konsequenzen einer unterlassenen notwendigen Beiladung umstritten. Dabei besteht Einigkeit, dass die unterlassene notwendige Beiladung einen Verfahrensmangel darstellt. Streitig ist hingegen, welchen Einfluss sie auf die Wirksamkeit eines Gestaltungsurteils hat.

#### *(a) Relative Wirksamkeit des Gestaltungsurteils*

Zunächst wurde die Ansicht einer nur relativen Unwirksamkeit vertreten. In einem Beschluss des Hessischen Verwaltungsgerichtshofs aus dem Jahre 1948 wurde diese Ansicht erstmals entwickelt. Es ging um eine Klage, die vom Eigentümer eines Hauses gegen das Preisamt auf Aufhebung der Mietpreisfestsetzung erhoben wurde. Der Mieter, der beim Preisamt die Herabsetzung der Miete beantragt hatte, wurde nicht beigeladen. Nachdem der Anfechtungsklage des Eigentümers durch das Verwaltungsgericht stattgegeben wurde, hat der Hessische Verwaltungsgerichtshof entschieden, dass hier ein Fall der notwendigen Beiladung vorlag, weil die Miete ohne Zuziehung des Mieters nicht festgesetzt werden konnte. Das Verfahren litt deshalb an einem wesentlichen Mangel. Da das Urteil nur die Beteiligten, nämlich die Parteien und den Beigeladenen band, hatte die Mietpreisfestsetzung dem Mieter gegenüber keine Wirkung. Dagegen war das Preisamt als Beklagte an das Urteil gebunden, soweit die Preisfestsetzung aufgehoben wurde[322]. Nach dieser Auffassung entfaltet das Gestaltungsurteil ohne die notwendige Beiladung zwar seine Wirkung zwischen den am Prozess beteiligten Parteien, dem Beizuladenden gegenüber aber ist es unwirksam[323].

---

321 Vgl. *Bachof*, MDR 1950, 375 (376); vgl. auch *Schäfer*, Die Beiladung im Sozialgerichtsverfahren, S. 50; *Stettner*, Das Verhältnis der notwendigen Beiladung zur notwendigen Streitgenossenschaft im Verwaltungsprozess, S. 83; *Stober*, FS für Menger, S. 401 (413).

322 Vgl. Hessischer Verwaltungsgerichtshof, Beschluss vom 09. 12. 1948, DV 1949, 73.

323 *Jesch*, Die Bindung des Zivilrichters an Verwaltungsakte, S. 101 f.; *Obermayer*, in Maunz/Obermeyer/Berg/Knemeyer, S. 684; aus der jüngsten Zeit *Bier*, in: Schoch/Schmidt-Aßmann/Pietzner, VwGO, § 65 Rn. 40.

Diese Ansicht vermag nicht zu überzeugen. Nach der ganz h. M. liegt ein Fall notwendiger Beiladung vor, wenn die gerichtliche Entscheidung ummittelbar und zwangsläufig in ein Recht des Dritten eingreifen muss, dieses entweder veränderte oder zum Erlöschen bringt[324]. Daher kann die Entscheidung zwischen den Parteien und dem Beizuladenden nur einheitlich ergehen. Die obige Ansicht, dass das Gestaltungsurteil ohne die notwendige Beiladung seine Wirkung zwischen den am Prozess beteiligten Parteien entfaltet, dem Beizuladenden gegenüber aber unwirksam ist, widerspricht der h. M. über die gesetzliche Voraussetzung der notwendigen Beiladung. Dieser Widerspruch ist bei dem einer Anfechtungsklage stattgebenden Urteil besonders deutlich. Zur Erklärung nennt *Schäfer* das folgende Beispiel: Während der im Prozess nicht beigeladene Arbeitgeber weiterhin Beiträge für seinen Arbeitnehmer an die Krankenkasse zahlt, ist der Bescheid über die Beitragspflicht auf die Anfechtungsklage seines Arbeitnehmers hin bereits rechtskräftig aufgehoben worden[325].

### *(b) Absolute Wirksamkeit des Gestaltungsurteils*

Dem entgegengesetzt wurde früher bisweilen die Ansicht von der Wirksamkeit des Urteils trotz unterlassener notwendiger Beiladung vertreten[326]. Nach dieser Auffassung äußere das Gestaltungsurteil bei einer Unterlassung einer notwendigen Beiladung dem Nichtbeigeladenen gegenüber zwar keine formelle und materielle Rechtskraft, wohl aber eine allgemeine Gestaltungswirkung. Damit wirke das Urteil nicht nur im Verhältnis der Parteien, sondern auch im Verhältnis zu dem Nichtbeigeladenen.

Diese Ansicht wird in jüngerer Zeit besonders in einer Vielzahl von Dissertationen vertreten[327]. Begründet wird sie durch folgende Argumente:

---

[324] Vgl. *Würtenberger*, Verwaltungsprozessrecht, Rn. 226; dazu ausführlich siehe oben I. 3.

[325] Vgl. *ders.*, Die Beiladung im Sozialgerichtsverfahren, S. 160.

[326] So wohl *Bettermann*, MDR 1967, 951 (952); *Freytag*, DV 1949, 74; *Hufnagl*, DV 1949, 60 (61); vgl. auch BVerwG DVBl. 1974, 235.

[327] Vgl. *Bichler*, Die notwendige Beiladung, S. 195; *Lammenett*, Nebenintervention, S. 97 f.; *Schäfer*, Die Beiladung im Sozialgerichtsverfahren, S. 160 ff.; *Selle*, Die Verfahrensbeteiligung des notwendigen Streitgenossen und des notwendig Beigeladenen, S. 214; *Stahl*, Beiladung und Nebenintervention, S. 146 ff.; *Stettner*, Das Verhältnis der notwendigen Beiladung zur notwendigen Streitgenossenschaft im Verwaltungsprozess, S. 85; vgl. auch *Schlosser*, Gestaltungsklagen und Gestaltungsurteile, S. 196 f., 205; *ders.*, JZ 1967 431 (436 f.); *Martens*, VerwArch. 60 (1969), 195 (257 f.).

(i) Die Ansicht, dass das Gestaltungsurteil bei der Unterlassung der notwendigen Beiladung absolut unwirksam sei, verstößt gegen den im öffentlichen Recht herrschenden Grundsatz, dass Staatsakte nicht wegen Verfahrensfehler unwirksam werden. Dieser Grundsatz dient nicht der Autorität des Staates, vielmehr ist er ein notwendiges Mittel, die Rechtssicherheit zu verbürgen[328].

Es entspricht im Zivilprozessrecht der allgemeinen Meinung, dass eine Gerichtsentscheidung nicht wegen eines Verfahrensfehlers unwirksam ist[329]. Gerichtsentscheidungen werden nur bei ganz krassen Fehlern als wirkungslos angesehen, z.B. wenn dem Gericht bei der Entscheidung die Gerichtsbarkeit fehlt, wenn die Entscheidung eine Rechtsfolge ausspricht, die das geltende Recht nicht kennt oder die Entscheidung aus tatsächlichen Gründen keine ihrem sachlichen Inhalt entsprechende Wirkung haben kann[330]. Wird im Zivilprozessrecht einem Beteiligten das rechtliche Gehör versagt, so liegt zwar ein Verfahrensfehler vor, dieser führt aber nicht zur Unwirksamkeit der Entscheidung, sondern nur zur Anfechtbarkeit[331]. Im öffentlichen Recht, wo der Grundsatz gilt, dass auch fehlerhafte Staatsakte angesichts des Interesses an Rechtssicherheit und Rechtsklarheit als wirksam angesehen werden, ist entsprechendes anzunehmen. Jedenfalls ist auch bei der Verletzung des rechtlichen Gehörs von der Wirksamkeit des Urteils auszugehen. So ist der Ansicht *Bettermanns* zuzustimmen, wenn er sagt, dass die Unterlassung der notwendigen Beiladung höchstens zu einem Revisionsgrund und keinesfalls zur Unwirksamkeit des Urteils führe[332].

(ii) Die h. M. unterscheidet nicht im gebotenen Umfang zwischen Rechtskraftwirkung und Gestaltungswirkung. Während die Gestaltungswirkung jedermann gegenüber einen neuen Rechtszustand schafft, liegt die Funktion der materiellen Rechtskraft darin, eine bereits bestehende Rechtslage zwischen den Prozessbeteiligten fest und außer Streit zu stellen. Dem Gestaltungsurteil kommt bei Unterlassung der notwendigen Beiladung dem Nichtbeigeladenen gegenüber keine formelle und materielle Rechtskraft (§ 121 Nr. 1 i. V. m. § 63 Nr. 3 VwGO) zu. Unabhängig davon äußert das Urteil seine Gestaltungswirkung gegenüber jedermann, auch den Nichtbeigeladenen

---

328 Vgl. *Schlosser*, Gestaltungsklagen und Gestaltungsurteile, S. 197; daran anschließend *Schäfer*, Die Beiladung im Sozialgerichtsverfahren, S. 50.

329 Vgl. z.B. *Rosenberg/Schwab/Gottwald*, Zivilprozessrecht, § 62 I. 2.

330 Vgl. *Rosenberg/Schwab/Gottwald*, Zivilprozessrecht, § 62 II. 2.

331 Vgl. *Rosenberg/Schwab/Gottwald*, Zivilprozessrecht, § 85 V. 1.

332 Vgl. *Bettermann*, MDR 1967 950 (952); zustimmend *Stahl*, Beiladung und Nebenintervention, S. 147.

eingeschlossen. Schließlich hat die Unterlassung der notwendigen Beiladung keinen Einfluss auf die Wirksamkeit des Gestaltungsurteils[333].

### *(c) Unwirksamkeit des Gestaltungsurteils*

Nach der h. M.[334] führt das Unterlassen der notwendigen Beiladung zur absoluten Unwirksamkeit des Urteils. Das Gestaltungsurteil wird weder im Verhältnis der Parteien noch im Verhältnis zu dem Nichtbeigeladenen wirksam.

Diese Ansicht wurde zuerst von *Bachof* entwickelt. In einer Anmerkung zu einem Gerichtsurteil des Hessischen Verwaltungsgerichtshofs vertrat er die Ansicht, dass Zwangsmietvertrag und Preisfestsetzung nicht einer Partei gegenüber bestehen bleiben, einer anderen gegenüber aber aufgehoben werden könnten. Denn „die Pflichten des Vermieters gegen den Mieter können nicht aufhören, während die korrespondierenden Ansprüche des Mieters gegen den Vermieter bestehen bleiben, und umgekehrt". Wenn die notwendige Beiladung unterblieben und der Beizuladende nicht an das Urteil gebunden ist, so ist das Urteil schlechthin allen Beteiligten gegenüber unwirksam. Die Ansicht des Hessischen Verwaltungsgerichtshofs, dass das Urteil bei der Unterlassung einer notwendigen Beiladung nur den Nichtbeigeladenen gegenüber unwirksam sei, den anderen Beteiligten (Behörde und dem Kläger) gegenüber aber wirksam bleibe, sei logisch eine „nicht geringere Ungeheuerlichkeit[335]".

Die Ansicht von *Bachof* wurde von der Rechtsprechung übernommen und fortentwickelt. Auch das BVerwG hat in seiner Rechtsprechung dieser Ansicht zugestimmt. Weil sich die belastende und die begünstigende Seite des

---

333 Vgl. *Lammenett*, Nebenintervention, S. 97; *Schäfer*, Die Beiladung im Sozialgerichtsverfahren, S. 161 f.; *Schlosser*, Gestaltungsklagen und Gestaltungsurteile, S. 205; *Selle*, Die Verfahrensbeteiligung des notwendigen Streitgenossen und des notwendig Beigeladenen, S. 214; *Stahl*, Beiladung und Nebenintervention, S. 148; *Stettner*, Das Verhältnis der notwendigen Beiladung zur notwendigen Streitgenossenschaft im Verwaltungsprozess, S. 83.

334 Grundlegend *Bachof*, DÖV 1949, 364 (365); *ders.*, MDR 1950, 375 (376); vgl. weiter *Ehlers*, NJW 1975, 2125 (2129); *Schmidt*, in: Eyermann, VwGO, § 65 Rn. 19; *Habscheid*, ZZP Bd. 86 (1973), 101 (105); *Kopp/Schenke*, VwGO, § 65 Rn. 43; *Linkenheil*, Beiladung, S. 179; *Lüning*, Entwicklung, S. 53 Fn. 65; *Nicklisch*, Bindung, S. 95, 98 f.; *Peters/Sautter/Wolff*, Sozialgerichtsbarkeit, § 75 Anm. 6a; *Redeker/von Oertzen*, VwGO, § 65 Rn. 22; *Rohwer-Kahlmann*, Sozialgerichtsbarkeit, § 75 Rn. 100, 103; *Wilde*, NJW 1972, 1262 (1263 f.); *Schunck/De Clerck*, VwGO, §§ 65, 66 Anm. 3b; *Ule*, Verwaltungsprozessrecht, § 22 III; *Würtenberger*, Verwaltungsprozessrecht, Rn. 231; vgl. auch *Schäfer*, Die Beiladung im Sozialgerichtsverfahren, S. 157 Fn. 22.

335 *Bachof*, MDR 1950, 375 (376).

Verwaltungsakts mit Doppelwirkung wechselseitig bedingen, kann die Belastung nicht aufgehoben werden, ohne gleichzeitig die Begünstigung zu beseitigen[336].

### *(3) Zwischenergebnis*

Geht man von der h. M. aus, dient die notwendige Beiladung der Prozessökonomie, weil nur diese sichert, dass die Gestaltungswirkung des Urteils nicht wegen der Unterlassung der notwendigen Beiladung entfällt. Nur wenn die notwendige Beiladung erfolgt ist, wird vermieden, dass in neuerlichen Prozessen der Streitstoff erneut zu verhandeln ist. Deshalb kann man sagen, dass die Prozessökonomie Sonderzweck der notwendigen Beiladung ist.

## b) Effektiver Rechtsschutz

Als weiterer Normzweck, der die Notwendigkeit der Beiladung begründen könnte, kommt das in Art. 19 Abs. 4 GG enthaltene Gebot effektiven Rechtsschutzes in Betracht[337].

Als „Grundsatznorm für die gesamte Rechtsordnung“[338] enthält Art. 19 Abs. 4 GG eine Rechtsschutzgarantie gegen Rechtsverletzungen durch die öffentliche Gewalt. Die Rechtsschutzgarantie sichert nicht nur den Weg zu einem kompetenten Gericht. Vielmehr gebietet Art. 19 Abs. 4 GG einen tatsächlich wirksamen, also effektiven Rechtsschutz[339].

---

[336] BVerwG, Urteil vom 10. 03. 1964, BVerwGE 18, 124 (125)

[337] Die Ansicht, Art. 19 Abs. 4 GG sei verfassungsrechtliche Grundlage der notwendigen Beiladung, wird erstmals von *Brox*, FamRZ 1963, 392 (397) vertreten, vgl. weiter *Buermeyer*, Rechtsschutzgarantie und Gerichtsverfahrensrecht, S. 54 ff.; *Konrad*, DVBl. 1982, 481 (482 f.); *Lerche*, ZZP Bd. 78 (1965), 1 (19 ff.), aber in Verbindung mit dem Justizgewährungsanspruch; *Stettner*, Das Verhältnis der notwendigen Beiladung zur notwendigen Streitgenossenschaft im Verwaltungsprozess, S. 93 ff.; *Stober*, FS für Menger, S. 401 (419); *Wolf*, JZ 1971, 405 (406).

[338] BVerfGE 58, 1 (40); vgl. den Hinweis bei *Würtenberger*, Verwaltungsprozessrecht, Rn. 3 Fn. 5. Nach Erlass des Grundgesetzes ist Art. 19 Abs. 4 GG als „königlicher Artikel“, als „Schlußstein im Gewölbe des Rechtsstaates“ und als „Krönung des Rechtsstaates“ bezeichnet worden, vgl. die Nachweise bei *Dürig*, Gesammelte Schriften, S. 197; vgl. auch *Maurer*, Staatsrecht, § 8 Rn. 25.

[339] Allgemeine Ansicht, vgl. z.B. *Badura*, Staatsrecht, D Rn. 61; *Maurer*, Staatsrecht, § 8 Rn. 23; *Würtenberger*, Verwaltungsprozessrecht, Rn. 3; vgl. auch *Schmidt-Aßmann*, in: Maunz/Dürig, Komm. zu GG, Art. 19 Abs. 4 Rn. 7 m. w. N.

Diese Argumentation mit dem effektiven Rechtsschutz als rechtfertigendem Grund für die Notwendigkeit der Beiladung findet sich auch in Fallkonstellationen, in denen neuerdings der Anwendungsbereich des Institutes der notwendigen Beiladung ausgedehnt wird. Nach früher wohl überwiegender Ansicht lag ein Fall der notwendigen Beiladung bei der „drittbelastenden Verpflichtungsklage[340]" nicht vor. Daher sei bei einer Verpflichtungsklage, deren Streitgegenstand ist, den Beklagten (die zuständige Behörde) zu verpflichten, einen an einen bestimmten Dritten zu richtenden und belastenden Veraltungsakt zu erlassen, der zu belastende Dritte nicht notwendig beizuladen. Vielmehr müsse der Dritte zuerst abwarten, bis das obsiegende Verpflichtungsurteil durch Erlass der erstrittenen Verfügung vollzogen, gegen die sich der Dritte eine Anfechtungsklage erheben könne[341]. Für eine notwendige Beiladung bei der drittbelastenden Verpflichtungsklage spricht neben der Prozessökonomie[342] aber auch der effektive Rechtsschutz. Die Argumentation kann daran ansetzen, dass ein Prozess ohne Beteiligung des Beizuladenden zu einem Urteil führt, dessen Inhalt in einem Folgeprozess unter Beteiligung des Beigeladenen nur schwer zu revidieren ist. Der Grund liegt darin, dass die Gerichtsbarkeit tendenziell an einem bereits gefällten Urteil festhält, anstatt dies zu modifizieren[343]. So kann der nicht im Erstprozess Beigeladene in Folgeprozessen nur sehr schwer seine Rechtsposition durchsetzen. Dabei liegt allein durch die Unterlassung der Beiladung eine Rechtsverletzung der Betroffenen zwar noch nicht vor[344]. Jedoch ist es dem Betroffenen nicht zuzumuten, auf den „nachträglichen" Rechtsschutz in einem Folgeverfahren verwiesen zu werden. Um die Effektivität des Rechtsschutzes zu gewährleisten, sollte im Erstprozess jeder möglicherweise Betroffene beigeladen werden. Aus diesem Grund hat die Rechtsprechung ihren Meinungsstand auch geändert. Als typische Fallgruppe der notwendigen

---

[340] *Würtenberger*, Verwaltungsprozessrecht, Rn. 227.

[341] VGH Mannheim NJW 1977, 1308 f.

[342] Die Anerkennung der notwendigen Beiladung bei der drittbelastenden Verpflichtungsklage kann die Prozessökonomie dadurch fördern, dass der einheitliche Streitgegenstand „Rechtsanspruch auf Genehmigung" nicht in zwei Verfahren abgehandelt wird und damit der staatliche Arbeitsaufwand erspart und dieser für die Erfüllung anderer wichtigen Aufgaben freigegeben werden kann, vgl. *Würtenberger*, Verwaltungsprozessrecht, Rn. 227; siehe oben II. 4. a) aa).

[343] Nach der amtlichen Statistik sind z.B. die Berufungen in Zivilsachen in den alten Bundesländern 1989 beim LG nur mit 1,7%, beim OLG nur mit 1,8% erfolgreich, vgl. *Gilles*, Ziviljustiz und Rechtsmittelproblematik, S. 134, 248 ff.

[344] In der Regel setzt die Rechtsschutzgarantie eine mögliche Rechtsverletzung voraus, vgl. *Schmidt-Aßmann*, in: Maunz/Dürig, Komm. zu GG, Art. 19 Abs. 4 Rn. 116.

Beiladung bei Verpflichtungsklagen auf der Seite des Bürgers werden die Fälle der drittbelastende Verpflichtungsklage nicht nur in der Literatur, sondern auch in der Rechtsprechung allgemein anerkannt[345].

Allerdings ist dies kein absoluter Grundsatz. Bei der Abgrenzung des Personenkreises der notwendigen Beiladung hat das Gebot effektiven Rechtsschutzes eine Doppelfunktion. Einerseits fordert effektiver Rechtsschutz des Betroffenen, den Personenkreis der notwendigen Beiladung auszuweiten, damit er am Erstprozess teilnehmen kann und nicht erst im Folgeprozess den Inhalt der Entscheidung revidieren muss. Andererseits fordert effektiver Rechtsschutz der Hauptparteien gerade, den Personenkreis der notwendigen Beiladung zu begrenzen, damit die Beiladung nicht zur überlangen Prozessdauer und Verweigerung effektiven Rechtsschutzes der Hauptpartei führt.

### c) Rechtliches Gehör des Beigeladenen

Schließlich kommt das rechtliche Gehör (Art. 103 Abs. 1 GG) als weiterer Normzweck der Beiladung in Betracht, der die Notwendigkeit der Beiladung begründet.

Für diejenigen, die an dem streitigen Rechtsverhältnis derart beteiligt sind, dass die Entscheidung auch ihnen gegenüber nur einheitlich ergehen kann (§ 65 Abs. 2 VwGO), entfaltet das ergangene Urteil Gestaltungswirkung bzw. Rechtskraft[346]. So ist der notwendig Beigeladene an das Urteil gebunden und kann seine Rechte in einem späteren Prozess nicht mehr geltend machen. Soweit das rechtliche Gehör nicht mehr in einem späteren Prozess gewährt werden kann, ist die Einbeziehung ins Verfahren notwendig. Deswegen wird die Notwendigkeit einer Beiladung in erster Linie mit der Urteilswirkung,

---

345 Vgl. BVerwGE 24, 343 (348); 51, 6; BVerwG NJW 1993, 79; vgl. in der Literatur *Bier*, in: Schoch/Schmidt-Aßmann/Pietzner, VwGO, § 65 Rn. 22; *Konrad*, BayVBl. 1982, 481 (517); *Würtenberger*, Verwaltungsprozessrecht, Rn. 227; dagegen *Grunsky*, Grundlagen des Verfahrensrechts, S. 292: Schutz des Dritten (Adressaten des erstrebten Verwaltungsaktes) durch die künftige Anfechtungsklage gegen den zu erlassenden Verwaltungsakt.

346 *Bettermanns*, DVBl. 1951, 72 (74), daran anschließend *Bier*, in: Schoch/Schmidt-Aßmann/Pietzner, VwGO, § 65 Rn. 12; *Müncks*, Die Beiladung im Verwaltungsstreitverfahren, S. 13; *Oppermann*, NJW 1954, 744 (745 f.); *Schäfer*, Die Beiladung im Sozialgerichtsverfahren, S. 61; vgl. aus der Rechtsprechung OVG *Münster* MDR 1951, 637 f.; OVG *Münster* DÖV 1955, 349 f.; VGH Baden-Württemberg BB 1962, 1115 f.

hauptsächlich mit der Gestaltungswirkung begründet[347]. Nach der wohl h. M. findet das Rechtsinstitut der notwendigen Beiladung seine verfassungsrechtliche Grundlage auch in Art. 103 Abs. 1 GG[348].

Das rechtliche Gehör (Art. 103 Abs. 1 GG) zwingt, Dritte in einen Rechtsstreit einzubeziehen, soweit deren rechtliche Interessen von der Gerichtsentscheidung unmittelbar und zwangsläufig berührt sind. Da die rechtlichen Interessen Dritter von der Gestaltungswirkung, die das Gestaltungsurteil entfaltet, erfasst werden, muss er auch Gelegenheit haben, sich zur Sach- und Rechtslage zu äußern und seine Rechte geltend zu machen, um so seinen Einfluss auf das Verfahren geltend zu machen.

### d) Zwischenergebnisse

Die notwendige Beiladung dient der Prozessökonomie, dem effektiven Rechtsschutz und dem rechtlichen Gehör. Das bedeutet allerdings nicht, dass eine im Prozess stattgefundene notwendige Beiladung keinen Beitrag zu anderen Normzwecken leistet. Jede Beiladung, sei sie einfache oder notwendige, trägt zu allen allgemeinen Beiladungsnormzwecken bei. Die Notwendigkeit einer Beiladung darf sich aber nicht allein aus den allgemeinen Beiladungsnormzwecke ergeben. Nur die obigen Sonderzwecke notwendiger Beiladung (Prozessökonomie, effektiver Rechtsschutz und rechtliches Gehör) können zur zwangsläufigen Beteiligung des Betroffenen führen.

---

347 *Bettermann* hat bereits in seinem Aufsatz 1951 zu Recht geäußert, dass die Beiladung nur für notwendig gehalten werden soll, wenn die Entscheidung ihre Urteilswirkung auf den Dritten auch ohne seine Beteiligung am Rechtsstreit erstrecken wird, vgl. *Bettermann*, DVBl. 1951, 72 (74).

348 Vgl. *Bettermann*, ZZP Bd. 90 (1977), 121 (126); *ders.*, DVBl. 1982, 954 (956); *Müncks*, Die Beiladung im Verwaltungsstreitverfahren, S. 6 und 69; *Redeker/von Oertzen*, VwGO § 65 Rn. 1; *Schunck/De Clerck*, §§ 65, 66, Anm. 1 c.

## III. Die Beiladung in Verfahren des vorläufigen Rechtsschutzes

### 1. Bestandsaufnahme

Wie oben bereits dargelegt[349], ist in der verwaltungsgerichtlichen Praxis ein andauernder Bedeutungszuwachs des vorläufigen Rechtsschutzes zu verzeichnen. Die Problematik der Beiladung im vorläufigen Rechtsschutz ist in der Literatur bisher allerdings kaum untersucht worden. Auch in der Rechtsprechung ist keine konsistente Linie erkennbar. Im folgenden Abschnitt sollen die bisher vertretenen Positionen zunächst zusammengestellt und systematisiert werden. Dabei wird zunächst auf die Rechtsprechung und im Anschluss auf die Literatur eingegangen.

#### a) Rechtsprechung

In der verwaltungsgerichtlichen Praxis sind bereits zahlreiche Entscheidungen zur Beiladung in Verfahren des vorläufigen Rechtsschutzes ergangen. Dabei wurden die wichtigen Fragen der Beiladung im vorläufigen Rechtsschutz, z.B. die Parallelität der Verfahrensstellung und die Möglichkeit einer notwendigen Beiladung aber kaum systematisch erörtert.

Die Gerichtsentscheidungen widersprechen sich z.B. in der Frage einer Parallelität der Verfahrensstellung. Während in der Rechtsprechung zum Teil die Ansicht geäußert wird, dass diejenigen, die im Hauptsacheverfahren beigeladen wurden, ebenfalls auch im Verfahren des vorläufigen Rechtsschutzes beizuladen sind[350], wird auch die Gegenansicht vertreten, wonach die im Hauptsache-verfahren Beigeladenen in einem Parallelverfahren des vorläufigen Rechtsschutzes nicht automatisch beigeladen sind[351].

Ebenso weist die Rechtsprechung in der Frage der Möglichkeit einer notwendigen Beiladung keine erkennbar klare Linie auf. In den meisten Entscheidungen wird die Übertragbarkeit der notwendigen Beiladung auf den

---

[349] Siehe oben I. 1. a).

[350] Vgl. z.B. BFHE 93, 508 (511); BVerwGE 64, 347 (349); *Buchholz* 310 § 80 VwGO Nr. 18.

[351] Vgl. z.B. BFHE 125, 356, (362 f.); 131, 455 (458 f.); VGH Mannheim VBlBW 1985, 254 (255); zu dem Meinungsunterschied dieser Frage in der Rechtsprechung siehe unten III. 5 a).

vorläufigen Rechtsschutz zumeist ohne nähere Begründung bejaht[352]. Andererseits werden Fälle, die im Hauptsacheverfahren als Anwendungsfälle der notwendigen Beiladung anerkannt sind, wie z.B. die Anfechtungsklagen gegen Verwaltungsakte mit Doppelwirkung und die drittbelastenden Verpflichtungsklagen, in Verfahren des vorläufigen Rechtsschutzes z.T. nur als Fälle einer fakultativen, einfachen Beiladung angesehen[353].

### b) Literatur

In der Literatur fehlt es bisher an einer systematischen Behandlung der angesprochenen Problemstellungen, vielmehr finden sich nur vereinzelte, kaum begründete Stellungnahmen.

Nach allgemeiner Ansicht ist das Rechtsinstitut der Beiladung auch in Verfahren des vorläufigen Rechtsschutzes anwendbar. Stellvertretend für diese Ansicht heißt es etwa bei *Bier*, dass die Beiladung grundsätzlich in allen Verfahren stattfindet, also auch in Verfahren des vorläufigen Rechtsschutzes (§§ 80, 80a, 123)[354]. Im gleichen Sinne formuliert *Redeker/von Oertzen*, dass die Beiladung in allen Verfahrensformen zulässig und ggf. erforderlich ist, auch im Aussetzungsverfahren nach § 80 und im Verfahren der einstweiligen Anordnung nach § 123[355]. Zum Teil wird in der Literatur aber auch eine abweichende Ansicht vertreten. So haben z.B. *Kopp/Schenke* den Sondercharakter des Eilverfahrens hervorgehoben und geäußert:

> „§ 65 ist grundsätzlich in allen Verfahrensarten, mit durch die Eilbedürftigkeit einer Entscheidung bedingten Ausnahmen auch in Verfahren nach § 80 Abs. 5 und § 123 anwendbar[356]".

Schließlich ist die Ansicht von *Finkelnburg/Jank* hervorzuheben, die ein klares Regel-Annahmeverhältnis entwickeln:

> „Das Gericht muß die Beiladung so rasch wie möglich anordnen, um dem Beigeladenen, der über den Stand der Sache und den Grund der Beiladung zu

[352] Vgl. z.B. OVG Lüneburg NJW 1978, 1279; BFH DB 1981, 250; VGH Mannheim ESVGH 31, 146 (147); VGH Mannheim VBlBW 1985, 254; VGH Kassel NVwZ 1993, 204; VGH Mannheim NVwZ-RR 1998, 611; VG Köln CR 2000, 597 (598); dazu ausführlich unten III. 6 a).

[353] Vgl. z.B. BVerfGE 65, 227 (233); VG Karlsruhe ET 1984, 637 ff.; Hess. VGH ESVGH 28, 158 (159); Hess. VGH DVBl 1972, 585; dazu ausführlich unten III. 6 c) dd).

[354] *Ders.*, in: Schoch/Schmidt-Aßmann/Pietzner, VwGO, § 65 Rn. 30.

[355] *Ders.*, VwGO, § 65 Rn. 1.

[356] *Ders.*, VwGO, § 65 Rn. 3.

unterrichten ist (§ 65 Abs. 4 S. 1), Gelegenheit zur Stellungnahme zu geben. Bei äußerster Eilbedürftigkeit darf es auch ohne Beiladung oder Anhörung entscheiden, wenn nur so wirksamer Rechtsschutz gewährt werden kann[357].

## 2. Abweichungen in der Interessenlage gegenüber dem Hauptsacheverfahren

Auf die oben angesprochenen Fragen der Beiladung im vorläufigen Rechtsschutz lässt sich nur vor dem Hintergrund der abweichenden Interessenlage im Eilverfahren gegenüber dem Hauptsacheverfahren eine dogmatisch befriedigende Antwort geben. Zwischen dem Hauptsacheverfahren und dem Eilverfahren bestehen grundlegende Unterschiede, die in den unterschiedlichen Funktionen des vorläufigen Rechtsschutzes gründen. Der vorläufigen Rechtsschutz hat neben den Funktionen, die dem Verwaltungsprozess insgesamt zukommen[358], noch spezifische Funktionen zu erfüllen, die sich von denjenigen des Hauptsacheverfahrens unterscheiden[359]. Hierzu sind die Sicherungsfunktion und interimistische Befriedungsfunktion zu zählen.

### a) Die Sicherungsfunktion des vorläufigen Rechtsschutzes und der Zeitfaktor

Die Sicherungsfunktion, die eine primäre und spezifische Funktion des vorläufigen Rechtsschutzes ist, dient der Offenhaltung des Hauptsacheverfahrens. Deswegen wird sie auch als „Offenhaltefunktion" bezeichnet[360]. Sie zielt darauf, die ausstehende Hauptsacheentscheidung vor einer Entwertung

---

[357] *Ders.*, Vorläufiger Rechtsschutz im Verwaltungsstreitverfahren, Rn. 280.

[358] Diese sind z.B. der verfassungsrechtlich gemäß Art. 19 Abs. 4 GG gebotene Individualrechtsschutz, die Kontrolle der Exekutive, die Fortbildung des Verwaltungsrechtes und die Wahrung und Sicherung des Rechtsfriedens; vgl. dazu ausführlich bei *Würtenberger*, Verwaltungsprozessrecht, Rn. 3 ff.

[359] Der vorläufige Rechtsschutz ist ein Bestandteil des gerichtlichen Rechtsschutzes. Die Funktionen des vorläufigen Rechtsschutzes liegen zwar allgemein im Rahmen derjenigen Funktionen, die dem Verwaltungsprozess insgesamt zukommen. Andererseits hat der vorläufige Rechtsschutz aber eine engere, den Hauptsacherechtsschutz ergänzende Funktion. Denn die Verfolgung desselben Zieles durch ein Eilverfahren und ein Hauptsacheverfahren wäre andernfalls sinnlos; vgl. *Schoch*, in: Schoch/Schmidt-Aßmann/Pietzner, VwGO, Vorb § 80 Rn. 33; zustimmend *Walker*, Der einstweilige Rechtsschutz im Zivilprozess und im arbeitsgerichtlichen Verfahren, Rn. 65; ebenso *Vogg*, NJW 1993, 1357 (1360).

[360] Vgl. *Erichsen/Klenke*, DÖV 1976, 833 (839);. ebenso *Vogg*, NJW 1993, 1357 (1360).

durch Zeitauflauf zu schützen. So muss die Schaffung irreparabler Tatsachen, die sich aus der sofortigen Vollziehung der angefochtenen Verwaltungsmaßnahme ergeben könnten, verhindert werden[361].

Bei der Sicherungsfunktion des vorläufigen Rechtsschutzes ist der Zeitfaktor von großer Bedeutung[362]. Da das von der Verwaltung bestrittene Recht des Rechtssuchenden durch den Zeitablauf in seiner Verwirklichung erschwert oder gar vereitelt werden kann, steht der vorläufige Rechtsschutz unter Zeitdruck[363]. Daher wird der Zeitfaktor, der auf eine Eilentscheidung drängt[364], zu Recht als „die wichtigste spezifische Sach- und Strukturbedingung[365]" des vorläufigen Rechtsschutzes bezeichnet und spielt im Eilverfahren eine viel wichtigere Rolle als im Hauptsacheverfahren[366].

### b) Die interimistische Funktion des vorläufigen Rechtsschutzes und die fehlende Rechtskraft der Eilentscheidung

Während der Dauer des Hauptsacheverfahrens ist eine vorläufige Zwischenregelung notwendig, um den Zeitraum bis zur endgültigen Entscheidung im Hauptsacheverfahren zu überbrücken. Dadurch erfüllt der

---

361 Vgl. dazu ausführlich *Schoch*, Vorläufiger Rechtsschutz und Risikoverteilung im Verwaltungsrecht, S. 152 ff.; *ders.* in: Schoch/Schmidt-Aßmann/Pietzner, VwGO, Vorb § 80 Rn. 34 ff.

362 Vgl. dazu *Goerlich*, JZ 1983, 57.

363 *Trzaskalik*, JZ 1983, 415 (422).

364 Das faktische Phänomen, dass der vorläufige Rechtsschutz unter Zeitdruck steht, darf allerdings nicht zu kurzschlüssigen rechtlichen Schlussfolgerungen verleiten. Vielmehr muss sorgfältig zwischen den verschiedenen Sachmaterien – wenn notwendig sogar nach den konkreten Umständen des Falles – unterschieden werden, damit Kompromisse in dem Zielkonflikt zwischen beschleunigter Entscheidung und materieller Richtigkeit gefunden werden; vgl. *Kopp*, BayVBl 1980, 263 (267); *Teplitzky*, JuS 1981, 122 (123). So sind z.B. die zeitlichen Restriktionen im Versammlungsrecht und Wettbewerbsrecht außerordentlich groß, während für das Umwelt- und Planungsrecht sowie das Sozialrecht eine besondere Eilbedürftigkeit oft auch verneint wird; vgl. dazu ausführlich *Schoch*, Vorläufiger Rechtsschutz und Risikoverteilung im Verwaltungsrecht, S. 1314 m. w. N.; *ders.*, in: Schoch/Schmidt-Aßmann/Pietzner, VwGO, Vorb § 80 Rn. 5.

365 Vgl. *Schoch*, in: Schoch/Schmidt-Aßmann/Pietzner, VwGO, Vorb § 80 Rn. 5.

366 Vgl. dazu nur *Schoch*, Vorläufiger Rechtsschutz und Risikoverteilung im Verwaltungsrecht, S. 1310 ff.; *ders.*, in: Schoch/Schmidt-Aßmann/Pietzner, VwGO, Vorb § 80 Rn. 5.

vorläufige Rechtsschutz eine interimistische Befriedungsfunktion[367]. Wegen dieser interimistischen Befriedungsfunktion kommt den Entscheidungen im vorläufigen Rechtsschutz im Gegensatz zum Hauptsacheverfahren keine materielle Bestandskraft zu.

## 3. Die prinzipielle Anwendbarkeit des § 65 VwGO in den Verfahren des vorläufigen Rechtsschutzes

In der Literatur und der Rechtsprechung ist bisher noch nicht systematisch untersucht worden, ob § 65 VwGO überhaupt in den Verfahren des vorläufigen Rechtsschutzes anwendbar ist. Die Frage ist im folgenden anhand der gängigen Auslegungskriterien zu untersuchen.

### a) Grammatische Auslegung

Der Normtext des § 65 VwGO bietet keine Anhaltspunkte für eine Differenzierung zwischen vorläufigem Rechtsschutz und regulärem Hauptsache-verfahren. Allerdings knüpft § 65 Abs. 1 VwGO an den Begriff der Rechtskraft an, da der Beigeladene an das rechtskräftige Urteil gebunden ist (§ 121 i. V. m. § 63 Nr. 3 VwGO). Entscheidungen im vorläufigen Rechtsschutzes erwachsen jedoch nicht in materielle Rechtskraft. Deshalb kann § 65 VwGO auch so interpretiert werden, dass die Bestimmungen über die Beiladung von vornherein nicht auf die Verfahren des vorläufigen Rechtsschutzes anwendbar sind. Die Frage der Anwendbarkeit des § 65 VwGO in den Verfahren des vorläufigen Rechtsschutzes bleibt somit aus Sicht der grammatischen Auslegung unbeantwortet.

### b) Systematische Auslegung

§ 65 VwGO befindet sich im 7. Abschnitt der VwGO, der mit „Allgemeinen Verfahrensvorschriften“ überschrieben ist. Die systematische Stellung des § 65 VwGO spricht somit für die Anwendbarkeit der Norm in den Verfahren nach §§ 80 f. und 123 VwGO.

Ein weiteres Indiz ist, dass die „Nachbarvorschriften“ des § 65 VwGO, wie z.B. §§ 58 (Rechtsbehelfsbelehrung), 61 (Beteiligungsfähigkeit), 62 (Prozess-

---

[367] Vgl. *Schoch*, Vorläufiger Rechtsschutz und Risikoverteilung im Verwaltungsrecht, S. 155 ff.; *ders*, in: Schoch/Schmidt-Aßmann/Pietzner, VwGO, Vorb § 80 Rn. 36; ebenso *Vogg*, NJW 1993, 1357 (1360), der diese Funktion als „Zwischenzeitüberbrückungsfunktion“ nennt und sie als notwendige Folge der Offenhaltefunktion bezeichnet.

fähigkeit), 63 (Beteiligte) und 67 (Prozessbevollmächtigte und Beistände) VwGO, unstreitig innerhalb der Verfahren des vorläufigen Rechtsschutzes zur Anwendung kommen.

Schließlich kann man § 80a VwGO ein weiteres Argument für die Anwendbarkeit des § 65 VwGO in den Verfahren des vorläufigen Rechtsschutzes entnehmen, da die Regelung jedenfalls mittelbar an die Vorschriften über die Beiladung anknüpft. Die Rechtsstellung des „Dritten" bzw. des „Begünstigten" im Sinne des § 80a VwGO kann, sofern diese nicht Antragsteller (Kläger) bzw. Antragsgegner (Beklagte) sind, nur über die Beiladung adäquat erfasst werden, so dass diese als Beigeladene am Verfahren des vorläufigen Rechtsschutzes teilnehmen (§ 63 VwGO)[368].

### c) Exkurs: Integration der Beiladung in das System des § 80a VwGO

§ 80a VwGO, der durch das 4. VwGOÄndG[369] in die VwGO eingefügt worden, stellt im Verbund mit § 80 Abs. 1 S. 2 und § 123 VwGO eine Systementscheidung zum vorläufigen Rechtsschutz beim Verwaltungsakt mit Drittwirkung dar[370]. Nach dem gesetzgeberischen Willen[371] ist der primäre Zweck des § 80a VwGO die Zuordnung des vorläufigen Rechtsschutzes beim Verwaltungsakt mit Drittwirkung zu dem System der aufschiebenden Wirkung.

Zu dem früheren Streit, ob bei Verwaltungsakten mit Doppelwirkung der Drittbelastete, zugleich aber auch der Drittbegünstigte vorläufigen Rechtsschutz über § 123 VwGO oder über § 80 VwGO erlangen kann, hat der Gesetzgeber in dem 1990 neu eingeführten § 80a Abs. 1 S. 2 letzte Var. VwGO in Verbindung mit dem neu gefassten § 80 Abs. 1 S. 2 VwGO eine Entscheidung für das System der aufschiebenden Wirkung getroffen. Nach diesen Vorschriften wird der Suspensiveffekt von Widerspruch und Anfechtungsklage erweitert. So dürfen weder die Behörde noch der Adressat von einem begünstigenden, zugleich aber auch drittbelastenden Verwaltungsakt Gebrauch machen. Um den Suspensiveffekt zu beseitigen und von der durch den Verwaltungsakt eingeräumten Rechtsstellung wiederum Gebrauch machen zu können, kann der von dem Verwaltungsakt Begünstigte entweder nach § 80a Abs. 1 Nr. 1 VwGO i. V. m. § 80 Abs. 2 S. 1 Nr. 4 VwGO bei der Behörde oder nach § 80a Abs. 3 S. 1 letzte Var., S. 2 VwGO i. V. m. § 80 Abs. 5 VwGO direkt beim VG

---

[368] Dazu ausführlich siehe unten III. 3. c).

[369] Gesetz vom 17. 12. 1990, BGBl. I. 3, S. 2809 ff.

[370] *Schoch*, in: Schoch/Schmidt-Aßmann/Pietzner, VwGO, § 80a Rn. 1 f.

[371] BT-Drs. 11/7030 S. 25.

beantragen, die sofortige Vollziehbarkeit eines ihn begünstigenden Verwaltungsaktes anzuordnen[372].

§ 80a VwGO hat einen unnötig komplizierten Aufbau, der wegen der Verweisungen auf § 80 VwGO das Verständnis der Vorschriften erschwert[373]. Was diese Arbeit angeht, ist hier allein ein Augenmerk auf die Frage zu richten, in welchem Verhältnis der „Dritte“ und der „Begünstigte“ iSd. § 80a VwGO zu den Beiladungsvorschriften stehen.

In § 80a Abs. 1 VwGO bezieht sich der Dritte auf denjenigen, der durch einen anderen begünstigenden Verwaltungsakt belastet wird. Beispielsweise ist dies der Nachbar, der gegen die dem Bauherrn erteilte Baugenehmigung eine Anfechtungsklage erhebt[374]. Im Hauptsacheverfahren ist er nicht der Beigeladene, sondern der Anfechtungskläger. Notwendig beizuladen wäre hingegen der „Begünstigte“ iSd. § 80a Abs. 1 Nr. 1 VwGO.

In § 80a Abs. 2 VwGO bezieht sich der „Dritte“ auf denjenigen, den der einen anderen belastenden Verwaltungsakt begünstigt. Beispielsweise ist dies der Nachbar, der durch eine gegenüber dem Betreiber erlassene gewerberechtliche Untersagungsverfügung zugleich vor Lärm geschützt wird[375]. Dabei kann die Frage, ob hier der „Dritte“ im Sinne des § 80a Abs. 2 VwGO der im Hauptsacheverfahren notwendig Beizuladende ist, nicht ohne weitere Erläuterung beantwortet werden.

In der Regel richtet sich der Verwaltungsakt nur an den Adressaten. In diesem Fall ist der „Dritte“ im Sinne des § 80a Abs. 2 VwGO lediglich einfach beizuladen. Es ist auch denkbar, dass der streitige Verwaltungsakt nicht nur an den Verpflichteten, sondern auch gegenüber dem Dritten ergangen ist. Dann hat die Behörde den Verwaltungsakt an beide gerichtet[376] und auch den „Dritten“

---

[372] Vgl. dazu ausführlich die Darstellung bei *Würtenberger*, Verwaltungsprozessrecht, Rn. 511 f.

[373] *Schoch*, in: Schoch/Schmidt-Aßmann/Pietzner, VwGO, § 80a Rn. 5.

[374] Vgl. *Schoch*, in: Schoch/Schmidt-Aßmann/Pietzner, VwGO, § 80a Rn. 16 mit weiteren Beispielen.

[375] Vgl. *Schoch*, in: Schoch/Schmidt-Aßmann/Pietzner, VwGO, § 80a Rn. 21 mit weiteren Beispielen.

[376] Die Frage, wer überhaupt Adressat eines Verwaltungsaktes ist, ist nur im Einzelfall zu beantworten. Hierzu ist der Verwaltungsakt als öffentlich-rechtliche Willenserklärung zu interpretieren. Ein wichtiges, aber kein endgültiges Kriterium hierfür ist, wer Adressat der Bekanntgabe ist bzw. an wen der Verwaltungsakt zugestellt wurde, vgl. dazu ausführlich die Darstellung bei *Bier*, in: Schoch/Schmidt-Aßmann/Pietzner, VwGO, § 65 Rn. 20.

zum Adressaten des Verwaltungsaktes gemacht[377]. Nach neuerdings vertretener Ansicht[378] ist hier der Dritte ausnahmsweise auch im Hauptsacheverfahren notwendig beizuladen[379].

Nach § 80a Abs. 3 VwGO kann das Gericht, wenn ein Dritter einen Rechtsbehelf gegen den an einen anderen gerichteten, diesen begünstigenden Verwaltungsakt einlegt, auf Antrag des Begünstigten (§ 80a Abs. 1 Nr. 1 VwGO), oder wenn ein Betroffener einen Rechtsbehelf gegen den an ihn gerichteten belastenden Verwaltungsakt, der einen Dritten begünstigt, einlegt, auf Antrag des Dritten (§ 80a Abs. 2 VwGO) die sofortige Vollziehung anordnen. So gesehen kann der von dem Verwaltungsakt begünstigte oder belastete Dritte, sofern dieser nicht Antragsteller (Kläger) bzw. Antragsgegner (Beklagte) ist, nur Beigeladener im Verfahren des vorläufigen Rechtsschutzes sein, damit er den Antrag stellen kann.

#### d) Historische Auslegung

Die historische Auslegung erweist sich auf den ersten Blick als unergiebig. Da der Bedeutungszuwachs des vorläufigen Rechtsschutzes erst eine jüngere Entwicklung ist, lassen sich hier weder der Entstehungsgeschichte noch der objektiv-historischen Auslegung[380] Hinweise entnehmen.

Die Funktion historischer Auslegung liegt aber nicht nur darin, den Willen des „historischen" Gesetzgebers zu präzisieren. Es ist ebenso gerechtfertigt, einen Wandel der Normzwecke, die beim Erlass des Gesetzes bestimmt wurden, in Rechnung zu stellen[381]. Das Rechtsinstitut der Beiladung wurde historisch gesehen in Dreiecksverhältnissen zum Rechtsschutzinteresse Dritter entwickelt[382]. Die heutigen Probleme der Beiladung im einstweiligen Rechtsschutz sind zwar nicht mehr diejenigen, die der Gesetzgeber bei der Schaffung der Beiladung bewältigen wollte. Sie betreffen aber immer noch

---

[377] Da dies einen Ausnahmefall darstellt, ist aber zu verlangen, dass die Behörde diese Absicht im Verwaltungsakt deutlich ausdrückt, vgl. *Konrad*, BayVBl. 1982, 481 (488).

[378] *Bier*, in: Schoch/Schmidt-Aßmann/Pietzner, VwGO, § 65 Rn. 19, 22; daran anschließend *Kopp/Schenke*, VwGO, § 65 Rn. 18a.

[379] Dieser Fall wird als „drittbelastende Verpflichtungsklage" bezeichnet. Dabei ist nach der heutzutage wohl überwiegenden Ansicht die Notwendigkeit der Beiladung anerkannt, vgl. *Würtenberger*, Verwaltungsprozessrecht, Rn. 227; siehe oben II. 4. b).

[380] Vgl. *Larenz*, Methodenlehre der Rechtswissenschaft, S. 316 ff.

[381] *Zippelius*, Juristische Methodenlehre, § 8.

[382] Siehe oben II. 1. b) gg).

derartige Rechtsverhältnisse zwischen Parteien und dem Dritten, dessen rechtliche Interessen von der Gerichtsentscheidung berührt werden. Wegen der sehr vergleichbaren Fallkonstellation ist es durchaus sinnvoll, diese historische Entwicklungslinie auch für den Bereich der Beiladung in Verfahren des vorläufigen Rechtsschutzes, wie unter II. 1. geschehen, zu verfolgen. Auf der historischen Entwicklungslinie liegt es, § 65 VwGO auch auf das Rechtsschutzinteresse Dritter in den Verfahren des vorläufigen Rechtsschutzes anzuwenden.

### e) Teleologische Auslegung – Zweckbestimmung der Verfahrensbeteiligung Dritter im vorläufigen Rechtsschutz

Die Frage der Zweckbestimmung der Beiladung im vorläufigen Rechtsschutz lässt sich nicht einfach unter Hinweis auf die allgemeinen Beiladungszwecke, wie sie oben erörtert wurden[383], beantworten. Im Hinblick auf die Abweichungen in der Interessenlage gegenüber dem Hauptsacheverfahren können die Erkenntnisse über die Zweckbestimmung der Beiladung, die für das Hauptsache-verfahren erarbeitet worden sind, nicht eins zu eins auf den vorläufigen Rechtsschutz übertragen werden.

Eine Verfahrensbeteiligung Dritter im vorläufigen Rechtsschutz lässt sich den folgenden Normwecken zuordnen:

#### *aa) Art. 103 Abs. 1 GG*

Der erste Zweck der Verfahrensbeteiligung Dritter im vorläufigen Rechtsschutz ist das rechtliche Gehör Dritter.

##### *(1) Vormerkung*

Der vorläufige Rechtsschutz wird aus der Rechtsweggarantie des Art. 19 Abs. 4 S. 1 GG abgeleitet[384]. In den Verfahren des vorläufigen Rechtsschutzes wird

[383] Vgl. oben II. 2.

[384] Dies kann dadurch nachgewiesen werden, dass für den Erfolg eines Eilantrags die Berufung auf die bloße objektive Rechtswidrigkeit einer Maßnahme nicht genügt. Vielmehr muss, etwa bei der Anfechtungsklage, festgestellt werden können, dass der Antragsteller durch die angegriffene Maßnahme in seinen Rechten verletzt ist, BVerwG DVBl 1982, 836 (837 f.); VGH BW NVwZ-RR 1995, 489 (490); BayVGH BayVBl 1994, 722 (723); 1995, 344; OVG Saarland NVwZ-RR 1995, 493(494); vgl. dazu ausführlich *Schoch*, in: Schoch/Schmidt-Aßmann/Pietzner, VwGO, Vorb § 80 Rn. 61.

zwar keine endgültige Gerichtsentscheidung, aber auch nicht lediglich eine vorläufige Entscheidung über den Streitgegenstand der Hauptsache getroffen. Der Entscheidungsgegenstand im Hauptsacheverfahren und derjenige im Eilverfahren sind vielmehr unterschiedlich[385]. Jedenfalls der Idee nach beschränkt sich der vorläufige Rechtsschutz auf die vorläufige Sicherung bzw. Regelung eines Rechts. Da aber die Zeit unumkehrbar abläuft, wird auch durch die Entscheidungen im vorläufigen Rechtsschutz ein Zustand für eine Zwischenzeit abschließend geregelt, so dass ihm eine interimistische Befriedigungsfunktion zukommt[386]. Diese Zwischenregelung ist auch für das Rechtsschutzinteresse Dritter von großer Bedeutung, weil ihr wegen der unaufhaltsam vergehenden Zeit jedenfalls bis zur Hauptsacheentscheidung abschließende Wirkung zukommt. In vielen Gebieten des besonderen Verwaltungsrechtes[387], insbesondere im Ausländer- und Asylrecht, Baunachbarrecht[388] und Hochschulzulassungsrecht, ist die Entscheidung im vorläufigen Rechtsschutz zwar von der Form her immer noch einstweilig. In der gerichtlichen Praxis führt diese Zwischenregelung aber vielfach de facto zu einer endgültigen Regelung. Dafür gibt es verschiedene Gründe. Der Betroffene kann oder will in vielen Fällen nicht mehr die rechtskräftige Entscheidung im langwierigen Hauptsacheverfahren abwarten. Erreicht er in Eilverfahren nicht mindestens eine sicherstellende Zwischenregelung, sucht er eine andere Lösung oder gibt einfach auf. Diese Tendenz ist bei Rechtsstreitigkeiten um Verwaltungsakte mit Doppelwirkung besonders augenfällig. Kann der Begünstigte die sofortige Vollziehung im Eilverfahren durchsetzen, wird der durch den Verwaltungsakt beschwerte Dritte in vielen Fällen das

---

[385] Vgl. dazu ausführlich *Schoch*, in: Schoch/Schmidt-Aßmann/Pietzner, VwGO, § 80 Rn. 248; § 123 Rn. 59.

[386] Vgl. dazu ausführlich *Schoch*, in: Schoch/Schmidt-Aßmann/Pietzner, VwGO, Vorb § 80 Rn. 36 m. w. N.

[387] Vgl. dazu ausführlich die Darstellung und die Nachweise bei *Schoch*, VerwArch. 82 (1991), 145 (147); *Vahle*, VR 1992, 117.

[388] Nach der Forschung *Sarnighausens* werden die meisten Streitigkeiten im Baunachbarrecht – am Beispiel von Asylbewerberunterkünften – in Verfahren des vorläufigen Rechtsschutzes entschieden. Nach § 10 II BauGBMaßnG, der am 28. 04. 1993 bekanntgemacht und im Jahre 1998 durch das BauROG aufgehoben wurde, haben Widerspruch und Klage eines Dritten gegen die Baugenehmigung für Vorhaben zu überwiegenden Wohnzwecken – darunter auch vorübergehendes Wohnen und Unterbringen – keine aufschiebende Wirkung. So sieht sich der betroffene Nachbar gezwungen, den Antrag auf Anordnung der aufschiebenden Wirkung, der nur innerhalb eines Monates nach Zustellung der Genehmigung gestellt werden kann, zu stellen; vgl. dazu ausführlich *ders.*, NVwZ 1994, 741 (747); zum Hinweis für weitere Beispiele vgl. *Schoch*, in: Schoch/Schmidt-Aßmann/Pietzner, VwGO, Vorb § 80 Rn. 3.

Hauptsacheverfahren nicht mehr durchführen. Der Grund liegt darin, dass nicht selten wegen des bloßen Zeitablaufs vollendete Tatsachen geschaffen werden und auch ein obsiegendes Urteil im Hauptsacheverfahren seine Rechtspositionen nicht mehr verbessern kann. Kann der Begünstigte die sofortige Vollziehung im Eilverfahren dagegen nicht durchsetzen, wird er das Vorhaben häufig aufgeben[389]. Andererseits führen die Verfahren des vorläufigen Rechtsschutzes wesentlich schneller und kostengünstiger zu einer richterlichen Entscheidung, die in der Regel hinreichenden Aufschluss über die rechtliche Beurteilung des Streitgegenstandes durch das Verwaltungsgericht gibt. Daher werden sie zunehmend als Ersatz für das Klageverfahren genutzt[390].

Da es beim vorläufigen Rechtsschutz auch um das Rechtsschutzinteresse Dritter geht, muss der Dritte die Gelegenheit erhalten, sein rechtliches Interesse zu verteidigen. Deswegen gebietet Art. 103 Abs. 1 GG, dem Verfahrensbeteiligten an einem gerichtlichen Verfahren ein Recht zu geben, sich zu dem der gerichtlichen Entscheidung zugrunde liegenden Sachverhalt vor Erlass der Entscheidung zu äußern (Äußerungsrecht des Verfahrensbeteiligten)[391].

### *(2) Der Grundsatzbeschluss des BVerfG vom 08. 01. 1959*

In der verwaltungsgerichtlichen Rechtsprechung ist auf die Problematik der Verfahrensbeteiligung Dritter bisher vor allem mit Blick auf den verfassungsrechtlichen Grundsatz des rechtlichen Gehörs (Art. 103 Abs. 1 GG) eingegangen worden. Die hierzu vertretene Position basiert auf einer Entscheidung, die das BVerfG am 08. 01. 1959 zum Erlass eines Haftbefehls in StPO getroffen hat und die im gesamten Prozessrecht für die Frage der Notwendigkeit rechtlichen Gehörs in Verfahren des vorläufigen Rechtsschutzes richtungsweisend geworden ist.

Die Kernaussagen der Entscheidung lassen sich wie folgt zusammenfassen:

---

[389] Vgl. dazu ausführlich die Darstellung bei *Redekers*, NVwZ 1991, 526; *ders.*, NVwZ 1992, 713 (714); zustimmend *Vahle*, VR 1992, 117; vgl. auch *Schoch*, in: Schoch/Schmidt-Aßmann/Pietzner, VwGO, Vorb § 80 Rn. 2.

[390] *Brühl*, JuS 1995, 627; zur Ausführung des Bedeutungszuwachses vorläufigen Rechtsschutzes siehe oben I. 1. a).

[391] Dem Äußerungsrecht des Verfahrensbeteiligten entspricht die Pflicht des Gerichtes, Anträge und Ausführungen der Verfahrensbeteiligten zur Kenntnis zu nehmen und in Erwägung zu ziehen, vgl. dazu BVerfGE 60, 1 (5); daran anschließend BVerfGE 67, 39 (41); 69, 145 (148).

### *(a)Rechtliches Gehör in Verfahren des vorläufigen Rechtsschutzes geboten*

In dem Beschluss des BVerfG vom 08. 01. 1959 führt das BVerfG zunächst aus, dass jeder Anspruch auf rechtliches Gehör aus Art. 103 Abs. 1 GG hat, wenn er an einem gerichtlichen Verfahren als Partei oder in ähnlicher Stellung beteiligt ist oder unmittelbar rechtlich von dem Verfahren betroffen wird. Das rechtliche Gehör soll dem Betroffenen Gelegenheit geben, auf eine bevorstehende gerichtliche Entscheidung Einfluss zu nehmen. Dies macht in der Regel eine vorherige Anhörung erforderlich. Die Notwendigkeit einer vorherigen Anhörung wird vor allem dann deutlich, wenn die Entscheidung ein endgültiges und unabänderliches Endurteil darstellt, das ein Verfahren abschließt und materielle Rechtskraft entfaltet. Handelt es sich um vorläufige Maßnahmen zur Regelung eines einstweiligen Zustandes oder zur einstweiligen Sicherung privater oder öffentlicher Rechte, sind die Gründe, die eine Anhörung der Beteiligten vor Erlass einer gerichtlichen Entscheidung notwendig machen, aber in gleicher Weise maßgeblich[392].

Vom BVerfG ist dies nicht näher begründet worden. Zur Erklärung lässt sich aber auf die den angestellten Überlegungen zur interimistischen Befriedungsfunktion des vorläufigen Rechtsschutzes verweisen. Jedenfalls bis zum Erlass einer abweichenden Entscheidung werden die Rechtsverhältnisse der Parteien durch die im vorläufigen Rechtsschutz getroffene Regelung gestaltet, was, ohne die Subjektstellung der Drittbetroffenen zu missachten, nicht ohne deren Beteiligung geschehen kann.

Das BVerfG hat diese Position in seinen weiteren Entscheidungen erneut aufgegriffen und diese immer wieder bekräftigt[393].

### *(b) Einstweilige Maßnahme ohne vorherige Anhörung des Betroffenen als Ausnahme*

In bestimmten Situationen kann allerdings die Sicherung gefährdeter Interessen eine sofortige Entscheidung auch ohne vorherige Anhörung notwendig machen. So schließt etwa das im Haftbefehlverfahren erforderliche Überraschungsmoment eine vorherige Anhörung des Beschuldigten aus[394]. Eine

---

[392] BVerfGE 9, 89 (96 ff.).

[393] Vgl. BVerfGE 18, 399 (404): „Die Gründe, die die Gewährung des rechtlichen Gehörs vor Erlaß einer gerichtlichen Entscheidung notwendig machen, sind auch im Beschlagnahmeverfahren maßgebend"; ebenfalls BVerfGE 49, 329 (342) = DÖV 1979, 56 (57) für die strafprozessrechtliche Durchsuchung.

[394] BVerfGE 9, 89 (92).

entsprechende Ausnahme will das BVerfG aber nur anerkennen, wenn dies von dem Zweck der Maßnahme verlangt und daher unabweisbar ist[395].

#### *(c) Zur Verpflichtung einer nachträglichen Anhörung*

Bei Unterlassung einer vorherigen Anhörung verlangt der Rechtsstaatsgedanke, dem Betroffenen Gelegenheit zu geben, sich wenigstens nachträglich gegen die angeordneten Maßnahmen zu wehren. Daher muss es auf Verlangen des Betroffenen ein Nachverfahren[396] geben, um ihm rechtliches Gehör zu gewähren und über die Berechtigung der getroffenen Maßnahmen zu entscheiden[397].

### *(3) Die Übertragung dieser Grundsätze auf die VwGO*

Im Bereich der VwGO hat das BVerfG erstmals 1983 eine Entscheidung getroffen, in der das rechtliche Gehör im vorläufigen Rechtsschutz thematisiert wurde.

In dem Beschluss vom 03. 11. 1983 ging es um eine Streitigkeit über die Aufteilung von Wahlsendezeiten der politischen Parteien in den Landesrundfunkanstalten[398]. Dabei hat sich das BVerfG in der Frage der Verfahrensbeteiligung der Ansicht angeschlossen, die von ihm auch im Bereich der StPO und ZPO vertreten wurde. Demnach ist in Verfahren des vorläufigen Rechtsschutzes demjenigen rechtliches Gehör zu gewähren, der an einem

---

[395] BVerfGE 9, 89 (98); das BVerfG hat nach dem Beschluss vom 08. 01. 1959 weitere Ausnahmen zugelassen und ein Absehen von der vorherigen Anhörung für vereinbar mit Art. 103 Abs. 1 GG gehalten, vgl. BVerfGE 18, 399 (404) für die strafprozessrechtliche Beschlagnahmeanordnung; BVerfGE 49, 329 (342) für die strafprozessrechtliche Durchsuchungsanordnung; BVerfGE 51, 97 (111) für die Durchsuchung gemäß § 758 ZPO.

[396] Zur Frage des Abänderungsverfahren als Nachverfahren zur Nachholung des rechtlichen Gehörs Dritter siehe unten III. 8.

[397] BVerfGE 9, 89 (98); das BVerfG hat sich in weiteren Entscheidungen dieser Ansicht angeschlossen, vgl. BVerfGE 18, 399 (404); 49, 329 (342). Auf diesen Rechtsgedanken lassen sich in verschiedenen Verfahrensordnungen Vorschriften zurückführen, die bestimmen, dass bei der Erhebung des Widerspruchsantrags des Gegners gegen die einstweilige Maßnahme eine mündliche Verhandlung stattfinden muss, so z.B. § 924 Abs. 2 ZPO oder § 32 Abs. 3 BVerfGG; vgl. BVerfGE 9, 89 (98).

[398] Zum Sachverhalt dieser Entscheidung vgl. BVerfGE 65, 227 (228 ff.).

gerichtlichen Verfahren als Partei oder in ähnlicher Stellung beteiligt ist oder unmittelbar rechtlich von dem Verfahren betroffen wird:

> „Das rechtliche Gehör soll den Beteiligten Gelegenheit geben, auf eine bevorstehende gerichtliche Entscheidung einzuwirken; in der Regel ist daher eine vorherige Anhörung geboten. Dies gilt nicht nur, wenn es um die abschließende rechtliche Beurteilung eines Sachverhalts geht, sondern auch für vorläufige Maßnahmen zur Regelung eines einstweiligen Zustandes oder zur einstweiligen Sicherung privater oder öffentlicher Rechte“[399].

Damit ist die Anhörung des Verfahrensgegners und sonstiger durch die Entscheidung Betroffener in Verfahren des vorläufigen Rechtsschutzes im Grundsatz in gleicher Weise wie im Hauptsacheverfahren geboten[400].

Weiter wurde im Beschluss vom 03. 11. 1983 und auch in späteren Entscheidungen[401] des BVerfG die Ansicht vertreten, dass eine einstweilige Maßnahme ausnahmsweise aber auch ohne vorherige Anhörung des Betroffenen erlassen werden kann, „wenn der Schutz gewichtiger Interessen die Überraschung eines Beteiligten unabweisbar erfordert“[402].

Bei Unterlassung einer vorherigen Anhörung ist das BVerfG der Meinung, dass diese jedenfalls nachgeholt werden muss, um das rechtliche Gehör des Betroffenen zu gewähren[403].

### *(4) Zwischenergebnis*

Als objektives Prinzip eines rechtsstaatlichen Verfahrens[404] kommt der Grundsatz des rechtlichen Gehörs nicht nur im Hauptsacheverfahren, sondern

---

[399] BVerfGE 65, 227 (233) = NJW 1984, 719.

[400] Diese Auffassung hat das BVerfG später wiederholt vertreten. Im Beschluss vom 28. 03. 1985 hat das BVerfG geäußert, dass die Ablehnung eines Antrags, den Sofortvollzug gemäß § 97 Abs. 3 SGG einstweilen auszusetzen, im Falle einer Verletzung des rechtlichen Gehörs des Antragstellers aufzuheben ist; vgl. BVerfG DVBl. 1985, 669; BVerfGE 57, 346 (359) = DÖV 1981, 795 (796) zur Wohnungsdurchsuchung des Vollziehungsbeamten gemäß § 287 der Abgabenordnung; BVerfG NJW 1988, 125 zur Verbleibensanordnung gegen die Wegnahme eines Kindes von der Pflegeperson gem. § 1632 Abs. 4 BGB.

[401] Vgl. BVerfGE 57, 346 (359) = DÖV 1981, 795 (796); BVerfGE 70, 180 (188 f.) = NJW 1986, 371 (372) zur Geltendmachung der Verletzung rechtlichen Gehörs im Verfahren gemäß § 80 Abs. 6 VwGO.

[402] BVerfGE 65, 227 (233) = NJW 1984, 719.

[403] BVerfGE 70, 180 (188 f.) = NJW 1986, 371 (372).

[404] Dazu siehe oben II. 2. e).

auch in den Verfahren des vorläufigen Rechtsschutzes, deren gerichtliche Entscheidungen nicht in materielle Rechtskraft erwachsen, zur Anwendung. Dabei hat sich die Rechtsprechung zum Verwaltungsprozessrecht an Grundsätzen orientiert, die zunächst im Strafprozessrecht und Zivilprozessrecht entwickelt wurden und die Ansicht vertreten, dass das rechtliche Gehör in Verfahren des vorläufigen Rechtsschutzes in der Regel in gleicher Weise wie im Hauptsache-verfahren geboten ist. Allerdings wird der Anspruch auf rechtliches Gehör im vorläufigen Rechtsschutz gegenüber dem Hauptsacheverfahren modifiziert. So kann in Eilfällen zunächst von rechtlichem Gehör abgesehen werden, das aber in einem späteren Verfahrensstadium nachgeholt werden muss[405].

#### *bb) Akzeptanz*

Die Grundsätze des Akzeptanz-Managements für das Hauptsacheverfahren[406] gelten im wesentlichen auch im vorläufigen Rechtsschutz. Diese These wird durch die Rechtsprechung bestätigt. Beispielsweise hat das VG Frankfurt in einem Verfahren des vorläufigen Rechtsschutzes gegen eine Vollziehungsanordnung der Errichtungs- und Betriebsgenehmigung einer Mülldeponie eine Bürgerinitiative beigeladen. In diesem Fall war die Stadt, in deren Gemarkung ein Teil der Deponie liegt, die Antragstellerin. Dabei wurden rechtliche Interessen der Bürgerinitiative von der Gerichtsentscheidung nur sehr geringfügig berührt[407]. Ein Grund für die Beiladung lag wohl darin, dass das Gericht hoffte, so zur Verbreiterung der Akzeptanz seiner Entscheidung beizutragen und im Interesse einer Beschleunigung die Gesamtverfahrensdauer zu verringern.

In einem anderen Beispiel für eine akzeptanzorientierte Ausübung des Beiladungsermessens ging es um einen Planfeststellungsbeschluss für einen neuen Verkehrsflughafen. Gegen diesen von der Behörde für sofort vollziehbar erklärten Planfeststellungsbeschluss sind beim Verwaltungsgericht rund 5000

---

405 Dazu siehe unten III. 8.

406 Siehe oben II. 2. f).

407 Die Bürgerinitiative, ein Verein zur Förderung des Volkssportes, hatte mit der Gemeinde, in der die Mülldeponie lag, einen Pachtvertrag abgeschlossen und wollte ihren ersten Trimmpfad entlang der Mülldeponie einrichten. Der Hess. VGH stellte in zweiter Instanz fest, dass die Bürgerinitiative durch den Pachtvertrag nur die Befugnis erlangen wollte, sich aus eigenem Recht gegen die Errichtung der Mülldeponie zur Wehr setzen zu können. Daher war der Hess. VGH der Meinung, dass der Pachtvertrag als Scheingeschäft nach § 117 BGB nichtig und die Bürgerinitiative überhaupt nicht klagebefugt sei; vgl. Hess. VGH ESVGH 28, 158 (173 f.).

Klagen erhoben worden. Die Flughafen München GmbH sowie die Landeshauptstadt München haben einen Antrag im Verfahren des vorläufigen Rechtsschutzes gemäß § 80 Abs. 5 VwGO gegen den Beschluss, der die sofortige Vollziehungsanordnung der Widerspruchsbehörde aufhob und die aufschiebende Wirkung der Klage im Hauptsacheverfahren wiederherstellte, erhoben. In diesem Prozess hat der VGH München die Nachbarn, die die Klage im Hauptsache-verfahren erhoben und von den obigen gestellten Anträgen nach § 80 Abs. 6 VwGO betroffen waren, beigeladen[408]. In Verfahren des vorläufigen Rechtsschutzes, in denen echte „Eilentscheidungen" getroffen werden, ist ein so großer Personenkreis der Beigeladenen[409] im Hinblick auf den damit verbundenen Zeitaufwand kaum vertretbar. Rechtfertigen lassen sich dieser und die mögliche Prozessverzögerung nur mit der Sicherung der Akzeptanz der Entscheidung.

In Verfahren des vorläufigen Rechtsschutzes kann das Akzeptanz-Management eine wichtige Rolle spielen. Das gilt insbesondere, wenn es sich um die unerwünschte Nutzung von Land[410] handelt und mit massivem Bürgerprotest und zahlreichen Klagen zu rechnen ist. Allerdings gibt es in der VwGO zur Vereinfachung von Massenverfahren einige Sonderregelungen, wie z.B. §§ 56a (Bekanntgabe in Massenverfahren), 65 Abs. 3 (Beiladung in Massenverfahren), 67a (Gemeinsamer Bevollmächtigter) und 93a (Musterverfahren), die seit dem Inkrafttreten des wiederholt verlängerten EntlastG vom 31. 03. 1978[411] geltendes Recht sind und durch das 4. VwGOÄndG vom 19. 03. 1991[412] in die VwGO integriert und damit endgültig in Dauerrecht überführt werden. Die Schaffung von Akzeptanz ist trotzdem zur Entlastung der Verwaltungsgerichtsbarkeit immer noch von großer Bedeutung. Einerseits kommt den Sonderregelungen für Massenverfahren nach den Erfahrungen in der Praxis nur ein begrenzter Erfolg zu[413]. Andererseits können die genannten Regelungen, insbesondere §§ 65 Abs. 3 und 93a VwGO, sogar als kontra produktiv erweisen, sofern durch das Absehen von einer Beiladung die Chance vertan wird, ein Verfahren durch eine überzeugende, akzeptanzstiftende Entscheidung zu beenden. Dadurch wird nicht nur die Befriedungsfunktion einer gerichtlichen Entscheidung gefährdet, sondern

---

[408] BVerwGE 64, 347 (348 ff.).

[409] In diesem Fall belief sich die Zahl der Beigeladenen auf 45, vgl. BVerwGE 64, 347 (348 f.).

[410] Dazu ausführlich oben II. 2. f) aa).

[411] BGBl. I. S. 446.

[412] BGBl. I. S. 686.

[413] Dazu ausführlich vgl. *Kopp*, NJW 1991, 521 (523 f.).

letztlich auch die staatspolitische Zielsetzung, nämlich die Integration des Bürgers in den Staat verfehlt[414].

Wie oben bereits ausgeführt[415], trifft die Gerichtsentscheidung im vorläufigen Rechtsschutz auf vielen Gebieten des besonderen Verwaltungsrechtes in der gerichtlichen Praxis de facto eine endgültige Regelung. Eine Verfahrensbeteiligung Dritter im vorläufigen Rechtsschutz kann darum dann geboten sein, um einer Entscheidung Akzeptanz zu verschaffen und so eine Weiterführung des Hauptsacheverfahrens zu erübrigen. Auf diese Weise kann die Verfahrensbeteiligung Dritter durch die Sicherung der Akzeptanz der Entscheidung der Überlastung der Verwaltungsgerichtsbarkeit entgegenwirken, sofern das Verfahren des vorläufigen Rechtsschutzes nicht nur das Hauptsacheverfahren, sondern auch die gesamten Nachverfahren (Berufungs-, Revisions- und das Vollstreckungsverfahren) überflüssig macht.

Allerdings stößt das Akzeptanz-Management als Normzweck einer Verfahrensbeteiligung Dritter in Verfahren des vorläufigen Rechtsschutzes auch auf Grenzen. Im Vergleich zum Hauptsacheverfahren lässt der vorläufige Rechtsschutz weniger Raum für ein Akzeptanz-Management als das reguläre Hauptsacheverfahren. Dies gilt insbesondere auf Gebieten, in denen, wie im Versammlungs- und Wettbewerbsrecht, die zeitlichen Restriktionen außerordentlich groß sind[416]. Dort muss das Verwaltungsgericht seine Entscheidung unverzüglich treffen. Eine Verfahrensbeteiligung Dritter zur Sicherung der Akzeptanz einer Entscheidung ist hier kaum denkbar. Demgegenüber kann das Akzeptanz-Management auf Gebieten, wie gelegentlich im Planungs- und Umweltrecht, in denen eine besondere Eilbedürftigkeit nicht die Regel ist[417], durchaus ein wichtiger Gesichtspunkt für die Verfahrensbeteiligung Dritter sein.

### *cc) Prozessökonomie*

Im Hauptsacheverfahren spiegelt sich im Rechtsinstitut der Beiladung die Doppelgesichtigkeit der Prozessökonomie wieder. Das Gericht darf aus prozessökonomischen Erwägungen einerseits einen Antrag auf Beiladung ablehnen, um das Verfahren sachgerecht zu beschränken und einzugrenzen, andererseits aber

---

[414] Siehe oben II. 2. f) bb) (1).

[415] Siehe oben III. 3. e) aa) (1).

[416] Vgl. *Schoch*, Vorläufiger Rechtsschutz und Risikoverteilung im Verwaltungsrecht, S. 1315 m. w. N.; *ders.*, in: Schoch/Schmidt-Aßmann/Pietzner, VwGO, Vorb § 80 Rn. 5.

[417] Vgl. *Schoch*, Vorläufiger Rechtsschutz und Risikoverteilung im Verwaltungsrecht, S. 1315 m. w. N.

auch Dritte von Amts wegen beiladen, um größere Streitkomplexe im Zuge der Rechtskrafterstreckung gemäß § 121 VwGO in einer Entscheidung zu erledigen[418].

Da die Entscheidungen in Verfahren des vorläufigen Rechtsschutzes keine Rechtskraft entfalten[419], kann hier nicht von einer Rechtskrafterstreckung gesprochen werden. Dessen ungeachtet spielt die Prozessökonomie für die Beiladung im vorläufigen Rechtsschutz eine wichtige Rolle. Hierbei kann auf die obigen Ausführungen zum Akzeptanz-Management verwiesen werden. Wenn es durch die Beiladung aller Betroffenen gelingt, bereits im Rahmen des vorläufigen Rechtsschutzes zu einer Lösung zu kommen, die von den Beteiligten akzeptiert wird, können weitere Verfahren überflüssig werden. Der mit einer Beiladung im vorläufigen Rechtsschutz verbundene Mehraufwand rechtfertigt sich also im Hinblick auf die Erwartung, dadurch insgesamt zu einer rascheren Beilegung der gerichtlichen Auseinandersetzung zu kommen.

### *dd) Rechtssicherheit*

Die interimistische Funktion des vorläufigen Rechtsschutzes und der Umstand, dass die Entscheidung im vorläufigen Rechtsschutzes keine Rechtskraft entfaltet, haben auch Konsequenzen für die Rechtssicherheit. Das Anliegen, wider-sprechende Entscheidungen zu verhindern[420], hat im Bereich des vorläufigen Rechtsschutzes nicht das gleiche Gewicht wie im regulären Hauptsacheverfahren, da die Entscheidungen ohne in materielle Rechtskraft zu erwachsen im Abänderungsverfahren gemäß § 80 Abs. 7 VwGO jederzeit geändert werden können.

### *ee) Zwischenergebnis*

Zusammenfassend lassen die mit dem Rechtsinstitut der Beiladung verfolgten Verfahrenszwecke deren Anwendung auch in den Verfahren des vorläufigen Rechtsschutzes geboten erscheinen. In diese Richtung deutet nicht nur der Anspruch auf rechtliches Gehör gemäß Art. 103 Abs. 1 GG, sondern auch die anderen Normzwecke, wie Akzeptanz und Prozessökonomie.

---

[418] Siehe oben II. 2. c).

[419] Siehe oben III. 2. b).

[420] Zu Rechtssicherheit als einer der Normzwecke der Beiladung siehe oben II. 2. d).

### f) Ergebnis

Aus der Ansicht der systematischen, insbesondere aber der objektiv-teleologischen Auslegung sind die Beiladungsvorschriften prinzipiell auch in den Verfahren des vorläufigen Rechtsschutzes anzuwenden. Damit ist allerdings noch nicht die Frage geklärt, ob sich für die Beiladung im vorläufigen Rechtsschutz unbesehen auf die Grundsätze der Beiladung im regulären Hauptsacheverfahren zurückgreifen lässt. Hierauf ist nunmehr einzugehen.

## 4. Einschränkung der Verfahrensbeteiligung Dritter im vorläufigen Rechtsschutz

Wie oben bereits erwähnt, ist das Rechtsinstitut des vorläufigen Rechtsschutzes aufgrund des verfassungsrechtlichen Gebotes des Art. 19 Abs. 4 GG zur Gewährleistung eines effektiven Rechtsschutzes geschaffen worden[421]. Dabei wird der Zeitfaktor als „die wichtigste spezifische Sach- und Strukturbedingung" des vorläufigen Rechtsschutzes bezeichnet[422].

Die Erweiterung des Kreises der Verfahrensbeteiligten kann die Verfahrensdauer verzögern. So findet eine Verfahrensbeteiligung Dritter in Verfahren des vorläufigen Rechtsschutzes dort ihre Grenze, wo der Zeitfaktor auf eine Eilentscheidung drängt. Eine Verfahrensbeteiligung Dritter in Verfahren des vorläufigen Rechtsschutzes setzt deshalb voraus, dass die zeitlichen Restriktionen nicht außerordentlich groß sind. Daher ist das Akzeptanz-Management als Normzweck einer Verfahrensbeteiligung Dritter in den Verfahren des vorläufigen Rechtsschutzes nur auf Gebieten geboten, in denen eine besondere Eilbedürftigkeit nicht die Regel ist. Auf den Gebieten, in denen, wie zumeist im Versammlungs- und Wettbewerbsrecht, die zeitlichen Restriktionen typischerweise außerordentlich groß sind, besteht dagegen kaum Raum für eine Verfahrensbeteiligung Dritter zur Sicherung der Akzeptanz der Entscheidung[423]. Der Sache nach ist dies auch in der Rechtsprechung anerkannt, wenn nach ihr das rechtliche Gehör in Verfahren des vorläufigen Rechtsschutzes in der Regel in gleicher Weise wie im Hauptsacheverfahren geboten ist, ausnahmsweise in Eilfällen wegen der besonderen Eilbedürftigkeit aber zunächst vom rechtlichen Gehör abgesehen werden kann[424].

---

[421] Siehe oben I. 1. a).

[422] Siehe oben III. 2. a).

[423] Siehe oben III. 3. e) bb).

[424] Siehe oben III. 3. e) aa) (3).

Eine Verfahrensbeteiligung Dritter in Verfahren des vorläufigen Rechtsschutzes ist zur Gewährleistung des rechtlichen Gehörs Dritter und zur Schaffung der Akzeptanz Dritter sinnvoll, kann aber im Widerspruch zu dem Gebot eines tatsächlich wirksamen und damit in erster Linie zeitnahen Rechtsschutzes geraten. Der Zielkonflikt zwischen dem Anspruch auf rechtliches Gehör und dem Grundsatz der Rechtsschutzeffektivität wird zugunsten von Art. 19 Abs. 4 GG aufgelöst. Solche „Durchbrechungen" bzw. „Modifikationen" des Art. 103 Abs. 1 GG findet zumindest im Bereich des Verwaltungsprozessrechtes ihre Rechtfertigung in dem Gebot tatsächlich wirksamen Rechtsschutzes.

## 5. Parallelität der Verfahrensstellung zwischen Hauptsacheverfahren und vorläufigem Rechtsschutz

Die Frage der Parallelität der Verfahrensstellung zwischen Hauptsacheverfahren und vorläufigem Rechtsschutz ist in Literatur und Rechtsprechung umstritten.

### a) Meinungsüberblick

#### *aa) Parallelität der Verfahrensstellung*

Früher ging die Rechtsprechung von der Parallelität der Verfahrensstellung zwischen Hauptsacheverfahren und vorläufigem Rechtsschutz aus. Wer zu den Beteiligten im vorläufigen Rechtsschutzverfahren gehört, richtete sich nach dem Hauptsacheverfahren. Danach sind diejenigen, die im Hauptsacheverfahren beigeladen sind, ebenfalls auch im Verfahren des vorläufigen Rechtsschutzes beizuladen. So führt der BFH etwa in einem Beschluss vom 13. 09. 1968 aus:

> „Im Verfahren über die Aussetzung der Vollziehung wegen ernstlicher Zweifel an der Rechtmäßigkeit des angefochtenen HGA-Bescheides sind die Personen von Amts wegen nach § 60 Abs. 3 FGO beizuladen, die im Klageverfahren nach § 60 Abs. 3 FGO beizuladen sind, wenn die Aussetzungsentscheidung auch ihnen gegenüber wirkt. ... Ebenso wie im Klageverfahren hätte das FG auch im Verfahren über die Aussetzung der Vollziehung die beiden Personen nach § 60 Abs. 3 FGO beiladen müssen.

Die Grundsätze über die notwendige Beiladung nach § 60 Abs. 3 FGO gelten auch für das Aussetzungs-verfahren[425]".

### bb) Eigenständigkeit des vorläufigen Rechtsschutzes

Entgegen der Rechtsprechung wird in der Literatur von *Kopp/Schenke* vertreten, dass die Beteiligten des Hauptsacheverfahrens nicht automatisch auch Beteiligte in Verfahren des vorläufigen Rechtsschutzes sind und es immer erst der besonderen Beiladung Drittbetroffener bedürfe, auch wenn diese bereits zum Hauptsacheverfahren beigeladen wurden[426].

Eine ähnliche Ansicht wird auch von *Puttler* vertreten:

„Das Gericht wird (im vorläufigen Rechtsschutzverfahren) von der einfachen Beiladung nach § 65 Abs. 1, die in seinem Ermessen steht, bei besonders eilbedürftigen Verfahren keinen Gebrauch machen[427]".

Auch in der Rechtsprechung findet sich in der jüngsten Zeit die Gegenansicht. So hat z.B. der BFH in seinem Beschluss vom 22. 10. 1980 geäußert:

„Die frühere Rechtsprechung des BFH ... , daß Personen, die im Hauptverfahren notwendig beizuladen sind, ausnahmslos auch in Verfahren des vorläufigen Rechtsschutzes beigeladen werden müssen, hat der ... BFH ... (inzwischen) aufgegeben[428]".

Danach sind die im Hauptsacheverfahren Beigeladenen in Verfahren des vorläufigen Rechtsschutzes nicht automatisch beizuladen[429].

Ebenfalls wird diese Ansicht wohl auch im Beschluss des VGH Mannheim vom 04. 01. 1985 vertreten. In diesem Beschluss hat der VGH Mannheim die Selbständigkeit vorläufigen Rechtsschutzes im Verhältnis zum Hauptsacheverfahren betont, die aus ihren unterschiedlichen Streitgegenständen folgt. Deshalb hat der VGH trotz des Vorliegens einer Beiladung im Hauptsacheverfahren dem Verwaltungsgericht immer noch „einen Ermessensspielraum

---

[425] Vgl. BFHE 93, 508 (511); wohl auch BVerwGE 64, 347 (349); *Buchholz* 310 § 80 VwGO Nr. 18; vgl. dazu auch den Hinweis bei *Kopp/Schenke*, VwGO, § 80 Rn. 140.

[426] Dabei wird vorgeschlagen, dass die Bekanntgabe der Entscheidung des Gerichtes an die Betroffenen als eine Art vereinfachter Form der Beiladung funktionieren könne, vgl. *ders.*, VwGO, § 80 Rn. 140.

[427] *Dies.*, in: *Sodan/Ziekow*, Kommentar zur Verwaltungsgerichtsordnung, § 80 Rn. 126.

[428] BFHE 131, 455 (458) = NJW 1981, 416.

[429] Ebenfalls BFHE 125, 356 (362 f.).

(eingeräumt), ob es die Beiladung beschließt. Dabei stellt es durchaus eine sachgerechte Erwägung dar, zwecks Beschleunigung eines anhängigen Aussetzungsverfahrens, also eines besonders eiligen Verfahrens, von einer einfachen Beiladung abzusehen[430]".

### b) Stellungnahme

Entgegen der früheren h. M. in der Rechtsprechung ist der oben entwickelten Ansicht in der Literatur aus folgenden Gründen zuzustimmen.

Dem Beiladungsbeschluss im Hauptsacheverfahren Wirkung auch für den vorläufigen Rechtsschutz beizumessen, widerspricht bereits dem Wortlaut des § 65 VwGO, weil hier nicht nur ein, sondern zwei Verfahren vorliegen.

Die Eilverfahren[431], die vom Hauptsacheverfahren zu unterscheidende Streitgegenstände, Zulässigkeitsvoraussetzungen und Begründetheitsanforderungen haben und deren spezielle Tenorierungen und rechtliche Gestaltungen den Hauptsacheentscheidungen fremd sind, besitzen den Hauptsacheverfahren gegenüber prozedurale und inhaltliche Selbständigkeit und stellen sich rechtlich als selbständige Verfahren dar[432]. Die Ansicht, dass die Beigeladenen des Hauptsacheverfahrens ipso iure auch in Verfahren des vorläufigen Rechtsschutzes beteiligt sind, trägt daher der Selbständigkeit des Eilverfahrens nicht hinreichend Rechnung.

Die Notwendigkeit einer eigenständigen und erneuten Entscheidung über die Beiladung in Verfahren des vorläufigen Rechtsschutzes liegt auch unter teleologischen Gesichtspunkten nahe.

---

[430] VGH Mannheim VBlBW 1985, 254 (255).

[431] Nicht nur die Aussetzungsverfahren, sondern auch die einstweiligen Anordnungsverfahren sind selbständige Verfahren, vgl. BVerfGE 35, 382 (397) = NJW 1974, 227; BVerfGE 69, 257 (267); vgl. auch *Schoch*, in: Schoch/Schmidt-Aßmann/Pietzner, VwGO, Vorb § 80 Rn. 53 m. w. N.

[432] Die prozedurale Selbständigkeit bedeutet, dass es keinen grundsätzlichen Vorrang des Eilverfahrens vor dem Hauptsacheverfahren gibt und die Verwaltungsgerichte nicht gehindert sind, über die Klage rechtskräftig zu entscheiden, bevor das Verfahren des vorläufigen Rechtsschutzes abgeschlossen ist. Inhaltliche Selbständigkeit bedeutet, dass eine getroffene Eilentscheidung keine rechtliche Verbindlichkeit für die Hauptsacheentscheidung hat und nur die Hauptsacheentscheidung im Rechtssinne die endgültige Entscheidung eines Rechtsstreits ist, vgl. dazu die ausführliche Darstellung bei *Schoch*, in: Schoch/Schmidt-Aßmann/Pietzner, VwGO, Vorb § 80 Rn. 53.

Wie oben gezeigt wurde, weicht die Interessenlage in Verfahren des vorläufigen Rechtsschutzes von der im Hauptsacheverfahren ab[433]. Diese Abweichungen müssen auch Konsequenzen für die Anwendung der Beiladungsvorschriften in Verfahren des vorläufigen Rechtsschutzes haben. Der vorläufigen Rechtsschutz hat neben den Funktionen, die dem Verwaltungsprozess insgesamt zukommen, noch spezifische Funktionen zu erfüllen, die sich von denjenigen des Hauptsacheverfahrens unterscheiden. Um die Sicherungsfunktion zu erfüllen, die eine der Hauptfunktionen des vorläufigen Rechtsschutzes ist, muss bei der Anwendung der Beiladungsvorschriften im Eilverfahren der Zeitfaktor, der auf eine Eilentscheidung drängt, besonders berücksichtigt werden[434]. Daher ist auch eine eigenständige Entscheidung über die Beiladung im vorläufigen Rechtsschutz sinnvoll und rechtlich geboten, um der abweichenden Interessenlage Rechnung zu tragen, ebenso wie eine einmal im vorläufigen Rechtsschutz erfolgte Beiladung keine Präjudizwirkung für das Hauptsacheverfahren entfaltet.

### c) Zwischenergebnis

Wer im Hauptsacheverfahren beigeladen wurde, ist nicht automatisch mit gleicher Verfahrensstellung an einem parallel ablaufenden Verfahren im vorläufigen Rechtsschutz beteiligt. Vielmehr muss über eine Beiladung im vorläufigen Rechtsschutz ein eigenständiger Beschluss gefasst werden. Aufgrund der Selbständigkeit und der abweichenden Interessenlage des vorläufigen Rechtsschutzes zum Hauptsacheverfahren hat das Verwaltungsgericht dabei einen Ermessensspielraum, ob es die Beiladung beschließt, selbst wenn betroffene Dritte bereits zum Hauptsacheverfahren beigeladen worden sind.

## 6. Problematik einer notwendigen Beiladung im vorläufigen Rechtsschutz

Die Frage, ob das Rechtsinstitut der notwendigen Beiladung auch auf die Verfahren des vorläufigen Rechtsschutzes übertragen werden kann, wird in der Rechtsprechung nicht direkt beantwortet. In den einschlägigen Entscheidungen finden sich aber Hinweise, die für die Übertragbarkeit der notwendigen Beiladung auf die Verfahren des vorläufigen Rechtsschutzes sprechen. In der

[433] Siehe oben III. 2.

[434] Siehe oben III. 2. a).

Literatur wird die Frage in aller Regel bejaht, ohne näherer begründet zu werden.

### a) Die Ansicht der Rechtsprechung

Zu dieser Frage hat z.B. das VGH Kassel in seinem Beschluss vom 07. 07. 1992 wie folgt Stellung genommen:

> „ ... Daß der Ehegatte eines ausgewiesenen Ausländers zu dem Anfechtungsprozeß gegen die Ausweisungsverfügung nicht notwendig beizuladen ist, hat das BVerwG wiederholt ausgesprochen und im wesentlichen damit begründet, daß der Ehegatte, obwohl auch er durch die Ausweisungsverfügung in seinen Rechten betroffen werde und gegebenenfalls ein inhaltsgleiches Recht auf Aufhebung dieser Verfügung habe, an dem betreffenden Rechtsverhältnis jedenfalls nicht selbst beteiligt sei. ... für Klageverfahren, die die Erteilung oder Verlängerung der Aufenthaltserlaubnis betreffen, kann aus entsprechenden Gründen nichts anderes gelten. ... Ebenso verhält es sich dann aber auch für das vorläufige Rechtsschutzverfahren[435]“.

Wer nach der h. M. im Hauptsacheverfahren nicht notwendig beizuladen ist, muss nach Ansicht des VGH also auch nicht in Verfahren des vorläufigen Rechtsschutzes beigeladen werden. Die Formel „Ebenso verhält es sich dann aber auch für das vorläufige Rechtsschutzverfahren“ legt darüber hinaus aber die Auffassung nahe, dass das VGH Kassel generell für die Übertragbarkeit der notwendigen Beiladung auf die Verfahren des vorläufigen Rechtsschutzes eintritt.

Ein anderes Beispiele aus der Rechtsprechung ist der Beschluss des OVG Lüneburgs vom 16. 02. 1978. In dieser Entscheidung hat sich das Gericht zwar im Ergebnis gegen eine notwendige Beiladung ausgesprochen, ging aber in den Entscheidungsgründen wohl ebenfalls davon aus, dass die notwendige Beiladung prinzipiell auch in den Verfahren des vorläufigen Rechtsschutzes gilt[436].

---

[435] VGH Kassel NVwZ 1993, 204.

[436] Vgl. OVG Lüneburg NJW 1978, 1279; andere Beispiele in der Rechtsprechung vgl. BFH DB 1981, 250; VGH Mannheim ESVGH 31, 146 (147); VGH Mannheim VBlBW 1985, 254; VGH Mannheim NVwZ-RR 1998, 611; VG Köln CR 2000, 597 (598).

### b) Die Ansicht in der Literatur

Nach der allgemeinen Ansicht in der Literatur sollen die Grundsätze der Beiladung entsprechend für den vorläufigen Rechtsschutz gelten, ohne dass dabei zwischen der einfachen und notwendigen Beiladung unterschieden wird[437]. Denkt man diese Ansicht zuende, gilt die notwendige Beiladung, die eine Unterart des Gesamtinstitutes der Beiladung ist, damit wohl auch in den Verfahren des vorläufigen Rechtsschutzes[438].

### c) Stellungnahme

Diese Ansicht ist aus folgenden Gründen abzulehnen:

#### *aa) Fehlen der Urteilswirkung, die die Notwendigkeit der Beiladung begründet*

Die Notwendigkeit einer Beiladung wird in erster Linie mit der Urteilswirkung, hauptsächlich[439] mit der Gestaltungswirkung verwaltungsgerichtlicher Urteile begründet[440].

Da der Beizuladende von der Gestaltungswirkung[441] (oder mindestens von der Quasi-Gestaltungswirkung bei Verpflichtungsklagen[442]) erfasst wird,

---

437 Vgl. *Bier*, in: Schoch/Schmidt-Aßmann/Pietzner, VwGO, § 65 Rn. 30; *Redeker/von Oertzen*, VwGO, § 65 Rn. 1; siehe oben III. 1. b.

438 Vgl. *Krebs*, VerwArch. 69 (1978), 231 (240).

439 Vgl. dazu grundlegend *Bettermann*, DVBl. 1951, 72 (74), daran anschließend *Bier*, in: Schoch/Schmidt-Aßmann/Pietzner, VwGO, § 65 Rn. 12; *Müncks*, Die Beiladung im Verwaltungsstreitverfahren, S. 13; *Oppermann*, NJW 1954, 744 (745 f.); *Schäfer*, Die Beiladung im Sozialgerichtsverfahren, S. 61; vgl. aus der Rechtsprechung OVG *Münster* MDR 1951, 637 f.; OVG *Münster* DÖV 1955, 349 f.; VGH Baden-Württemberg BB 1962, 1115 f.

440 *Bettermann* hat bereits in seinem Aufsatz von 1951 zu Recht geäußert, dass die Beiladung nur für notwendig gehalten werden soll, wenn die Entscheidung ihre Urteilswirkung auf den Dritten auch ohne seine Beteiligung am Rechtsstreit erstrecken wird, vgl. *ders.*, DVBl. 1951, 72 (74).

441 Zum Begriff der Gestaltungswirkung vgl. *Jauernig*, Zivilprozessrecht, § 65 I. 4.; *Arens/Lüke*, Zivilprozessecht, § 29 Rn. 347; *Rosenberg/Schwab/Gottwald*, Zivilprozessrecht, § 94 III.

442 Allerdings ist die Gestaltungswirkung, die ein Verpflichtungsurteil entfaltet, von den Urteilswirkungen einer Anfechtungsklage zu unterscheiden. Die Gestaltungswirkung eines

besteht die Gefahr, dass Dritte, deren Rechte von der Gerichtsentscheidung berührt werden, keinen Einfluss auf das Verfahren nehmen können und so ihm als reines Objekt unterworfen sind. Dies soll durch die notwendige Beiladung verhindert werden.

Den Entscheidungen im vorläufigen Rechtsschutz, die nicht auf eine endgültige Regelung, sondern nur auf eine Zwischenregelung zielen, kommt aber nur interimistische Befriedungsfunktion[443] und gerade keine materielle Bestandskraft zu. Es fehlt also an einer Gestaltungs- bzw. Quasi-Gestaltungswirkung. Soweit nach der h. M. die Urteilswirkungen für die Beurteilung des Vorliegens einer notwendigen Beiladung maßgebend ist, spricht dies gegen die „Notwendigkeit“ der notwendigen Beiladung im vorläufigen Rechtsschutz.

Dieses Argument findet in der Rechtsprechung Unterstützung. In einem Beschluss vom 22. 10. 1980 hat sich der BFH wie folgt geäußert:

> „Die nach § 60 Abs. 3 FGO vorgeschriebene Beiladung setzt voraus, daß an einem streitigen Rechtsverhältnis Dritte derartig beteiligt sind, daß die Entscheidung auch ihnen gegenüber nur einheitlich ergehen kann. Diese Vorschrift ist nach ihrem Sinn auf den endgültigen Rechtsschutz zugeschnitten. Sie gilt nur für Entscheidungen, die einen Rechtsstreit (mindestens für eine Instanz) zum Abschluß bringen und damit in materielle Rechtskraft erwachsen können (vgl. § 110 Abs. 1 FGO). Demgegenüber

---

Verpflichtungsurteils bezieht sich unmittelbar nur auf die Aufhebung der Versagung des beantragten Verwaltungsaktes. Während bei Anfechtungsklagen die Aufhebung oder Abänderung eines belastenden Verwaltungsaktes durch richterliches Urteil direkt wirkt, ist das Gericht bei der Verpflichtungsklage nicht befugt, den Erlass des Verwaltungsaktes selbst vorzunehmen, sondern verurteilt den Beklagten zum Erlass des beantragten Verwaltungsaktes. Im Unterschied zur Anfechtungsklage kann man bei der Verpflichtungsklage im strengen prozessrechtlichen Sinne überhaupt nicht von einer Gestaltungswirkung zu Lasten des Adressaten des zu erlassenden Verwaltungsaktes sprechen. Dieser ist aber aufgrund der Rechtskraftbindung des Beklagten an das Urteil zumindest mittelbar von den Urteilswirkungen erfasst. Das ist dann der Fall, wenn der Beklagte aufgrund des Urteils verpflichtet ist, dem Dritten gegenüber einen bestimmten Verwaltungsakt zu erlassen. Jedenfalls im Ergebnis macht es für den Dritten keinen Unterschied aus, ob seine Rechte unmittelbar durch das Urteil oder mittelbar aufgrund des Urteils durch den von der verklagten Behörde erlassenen Verwaltungsakt beeinträchtigt werden. Das sog. „Unmittelbarkeitsdefizit“ bei Verpflichtungsklagen wird also durch die Bindung des Beklagten an das Urteil kompensiert. Folglich entfaltet das Verpflichtungsurteil eine der Gestaltungswirkung ähnliche Urteilswirkung, die in der Literatur als „Quasi-Gestaltungswirkung“ bezeichnet wird; vgl. dazu ausführlich die Darstellung bei *Bier*, in: Schoch/Schmidt-Aßmann/Pietzner, VwGO, § 65 Rn. 22; *Nottbusch*, Die Beiladung im Verwaltungsprozess, S. 97.

[443] Siehe oben III. 2. b).

können Beschlüße über Anträge nach § 69 Abs. 3 S. 1 FGO jederzeit geändert oder aufgehoben werden (§ 69 Abs. 6 S. 1 FGO). Ein Antrag, der schon einmal vom Gericht abgelehnt wurde, kann – jedenfalls mit veränderter Begründung – noch einmal gestellt werden. ... In einem so ausgestatteten vorläufigen Verfahren besteht nicht das Bedürfnis, widersprüchliche Entscheidungen zu vermeiden[444]".

Nach der Ansicht des BFH gilt die notwendige Beiladung aufgrund der fehlenden materiellen Rechtskraft also nicht in den Verfahren des vorläufigen Rechtsschutzes.

### *bb) Im Eilverfahren keine Entscheidung über die im Hauptsacheverfahren umstrittene Rechtsposition*

Eine Beiladung ist notwendig, wenn die gerichtliche Entscheidung Dritten gegenüber nur einheitlich ergehen kann. Das ist dann der Fall, wenn die gerichtliche Entscheidung unmittelbar und zwangsläufig in ein Recht des Dritten eingreift, dieses entweder verändert oder zum Erlöschen bringt[445]. So gesehen wird die Notwendigkeit einer Beiladung mit der Umgestaltung der Rechtsposition des notwendig Beigeladenen gerechtfertigt.

Diese Ansicht findet in der Entwicklungsgeschichte des Institutes ihre Bestätigung, war doch den drei vom PrOVG anerkannten Fallgruppen der notwendigen Beiladung gemeinsam, dass die Rechte Dritter von den gerichtlichen Entscheidungen unmittelbar betroffen wurden[446].

In den Verfahren des vorläufigen Rechtsschutzes wird jedenfalls im Grundsatz keine Entscheidung über die im Hauptsacheverfahren umstrittene Rechtsposition, sondern nur über die vorläufige Sicherung eines Rechts bzw. die Vollziehbarkeit eines Verwaltungsaktes getroffen. Da die materielle Rechtsposition des Dritten unberührt bleibt, besteht auch kein Grund, diesen notwendig beizuladen.

Diese Ansicht wird ganz ähnlich auch in der Rechtsprechung vertreten. In einem Beschluss vom 06. 02. 1997 hat der VGH Mannheim ausgeführt, dass eine Gemeinde nicht deshalb zu einem um eine Baugenehmigung geführten Rechtsstreit in das Verfahren des vorläufigen Rechtsschutzes beigeladen werden muss, weil die Gültigkeit eines von ihr erlassenen Bebauungsplans im Hauptsacheverfahren in Frage gestellt wird:

---

[444] BFHE 131, 455 (458) = NJW 1981 416; ebenfalls BFHE 125, 356 (362 f.).

[445] Zur Definition der notwendigen Beiladung siehe oben I. 3.

[446] Siehe oben II. 1. b) aa).

„ ... Es mag zwar gerechtfertigt sein, einer Gemeinde durch ... Beiladung die Möglichkeit zu verschaffen, ihre rechtliche geschützten Interessen selbst im Prozeß zu vertreten, wenn im gerichtlichen Verfahren die Gültigkeit eines von ihr erlassenen Bebauungsplans im Streit steht ... . Diese Verfahrenskonstellation kann sich aber wohl nur in Hauptsacheverfahren ergeben, wenn die Entscheidung mit der Gültigkeit des Bebauungsplans steht oder fällt. Dagegen fehlt in Verfahren des vorläufigen Rechtsschutzes wie dem vorliegenden eine derart enge Verknüpfung zwischen dem Bestand des Bebauungsplans und der erteilten Baugenehmigung. Denn nicht diese selbst ist Verfahrensgegenstand, sondern ihre Vollziehbarkeit[447].“

### *cc) Notwendige Beiladung dem Charakter des Eilverfahrens widersprechend*

Wie oben bereits erwähnt, ist der Zeitfaktor in den Verfahren des vorläufigen Rechtsschutzes von großer Bedeutung. Da das von der Verwaltung bestrittene Recht des Rechtssuchenden allein über den Zeitablauf in der Verwirklichung erschwert oder gar vereitelt wird, verlangt der vorläufige Rechtsschutz eine Eilentscheidung, damit die Schaffung irreparabler Tatsachen verhindert und die ausstehende Hauptsacheentscheidung vor einer Entwertung durch Zeitauflauf geschützt werden kann[448].

Sollten die Grundsätze der notwendigen Beiladung entsprechend für den vorläufigen Rechtsschutz gelten, dürfte das Gericht die Entscheidung nicht treffen, bevor die Drittbetroffenen notwendig beigeladen wurden. Dies könnte, wenn die zeitlichen Restriktionen außerordentlich groß sind, wie z.B. typischerweise im Versammlungsrecht und Wettbewerbsrecht[449], eine rasche Entscheidung im vorläufigen Rechtsschutz praktisch unmöglich machen. So gesehen kann die Teleologie des Rechtsinstitutes der notwendigen Beiladung mit der des vorläufigen Rechtsschutzes in Konflikt geraten, soweit der Zeitfaktor auf eine Eilentscheidung drängt, die durch eine notwendige Beiladung gefährdet erscheint.

Dieses Argument findet sich auch in der Rechtsprechung. In einem Beschluss vom 04. 02. 2000 führt das OVG Greifswald aus, dass § 65 VwGO zwar grundsätzlich in allen Verfahrensarten, auch in den Verfahren des vorläufigen Rechtsschutzes anwendbar sei, in den Verfahren nach § 80 Abs. 5 und § 123 VwGO jedoch nur mit den sich aus dem Charakter des Eilverfahrens

---

[447] VGH Mannheim NVwZ-RR 1998, 611 (612).

[448] Siehe oben III. 2. a).

[449] Vgl. dazu ausführlich die Darstellung bei *Schoch*, Vorläufiger Rechtsschutz und Risikoverteilung im Verwaltungsrecht, S. 1314 f.

ergebenden Einschränkungen. Da eine fehlerhaft unterbliebene notwendige Beiladung gleichzeitig eine Verletzung des rechtlichen Gehörs (Art. 103 Abs. 1 GG) darstelle, stehen sich einerseits das Grundrecht auf rechtliches Gehör des Dritten und anderseits das Grundrecht auf effektiven Rechtsschutz (Art. 19 Abs. 4 GG) des Antragstellers gegenüber. Bei der danach gebotenen Interessenabwägung kommt das OVG Greifswald zu dem Ergebnis, dass eine notwendige Beiladung in der Regel nicht mit dem Charakter eines Eilverfahrens vereinbar ist[450].

#### dd) Entsprechende Stellungnahmen in der Rechtsprechung – keine notwendige Beiladung im Verfahren des vorläufigen Rechtsschutzes

Die hier vertretene These findet ihre Bestätigung auch in Entscheidungen der Rechtsprechung, in denen die Notwendigkeit einer Beiladung im Verfahren des vorläufigen Rechtsschutzes verneint wurde, obwohl im Hauptsacheverfahren notwendig beizuladen gewesen wäre.

Im Hauptsacheverfahren ergeben sich die Fälle notwendiger Beiladung hauptsächlich bei Anfechtungsklagen und nach nicht unumstrittener Ansicht auch bei Verpflichtungsklagen[451]. Gemäß § 65 Abs. 2 VwGO ist eine Beiladung (im Hauptsacheverfahren) notwendig, wenn Dritte an dem streitigen Rechtsverhältnis derart beteiligt sind, „dass die Entscheidung ihnen gegenüber nur einheitlich ergehen kann“. Dies ist dann der Fall, wenn die gerichtliche Entscheidung „unmittelbar und zwangsläufig in ein Recht des Dritten eingreifen

---

450 In dieser Entscheidung handelte es sich um die Anwendung des § 65 Abs. 3 S. 1 VwGO in Verfahren des vorläufigen Rechtsschutzes. Dabei erhoben mehrere Kläger eine Anfechtungsklage gegen die als Allgemeinverfügung erlassene „Bäder- und Fremdenverkehrsregelung 1999-2003“ vom 22. 07. 1998 und stellten im Wege des vorläufigen Rechtsschutzes den Antrag auf Wiederherstellung der aufschiebenden Wirkung ihrer Klage, der vom Gericht stattgegeben wurde. In diesem Verfahren hat das VG von der Beiladung der durch die angefochtene Verfügung begünstigten Gewerbetreibenden aber abgesehen. Dies wird vom Gericht mit der Erwägung begründet, eine Beiladung nach § 65 Abs. 3 S. 1 VwGO sei in der Regel nicht mit dem Charakter eines Eilverfahrens vereinbar, da die im Hinblich auf die unbekannte Zahl der Betroffenen allein mögliche Beiladung nach § 65 Abs. 3 S. 1 VwGO auf Grund des insoweit vorgegebenen Zeitrahmens einer Verfahrensdauer von zumindest drei Monaten mit dem Gebot effektiven Rechtsschutzes nicht zu vereinbaren wäre, OVG Greifswald NVwZ 2000, 945 (946).

451 Auch bei der allgemeinen Leistungs- und Feststellungsklage sind Fälle notwendiger Beiladung anerkannt (vgl. dazu ausführlich die Darstellung bei *Bier*, in: Schoch/Schmidt-Aßmann/Pietzner, VwGO, § 65 Rn. 26; *Kopp/Schenke*, VwGO, § 65 Rn. 19), die aber selten sind und daher in der Praxis keine große Rolle spielen.

muß, dieses entweder bestätigen oder verändern oder zum Erlöschen bringen[452]". Bei der Auslegung dieses Gesetzestextes gilt nach neuerdings vertretener Ansicht[453] die Adressateneigenschaft des Dritten als maßgebendes Kriterium[454]. Richten sich die anzufechtenden (bei Anfechtungsklagen) oder zu erstrebenden Verwaltungsakte (bei Verpflichtungsklagen) an Dritte, sind sie in der Tat der materiellrechtliche Gegner des Klägers[455]. Diese materiellrechtliche Adressateneigenschaft macht Dritte zwangsläufig zum Adressaten der Gerichtsentscheidung[456]. Die Dritten sind unmittelbar von der Entscheidung betroffen und daher notwendig beizuladen. Im folgenden soll ein Überblick über die beiden wichtigsten Fallgruppen gegeben werden, bei denen die Rechtsprechung im Hauptsacheverfahren von einer notwendigen, im Verfahren des vorläufigen Rechtsschutzes aber nur von einer einfachen Beiladung ausgeht.

### *(1) Die Anfechtungsklagen gegen Verwaltungsakte mit Doppelwirkung*

Die Anfechtungsklagen gegen Verwaltungsakte mit Doppelwirkung[457] werden allgemein als die wichtigste Fallgruppe notwendiger Beiladung

---

[452] Vgl. *Würtenberger*, Verwaltungsprozessrecht, Rn. 226; ähnlich *Kopp/Schenke*, VwGO, § 65 Rn. 14; *Schmidt*, in: Eyermann, VwGO, § 65 Rn. 16; *Redeker/von Oertzen*, VwGO, § 65 Rn. 8; in der Rechtsprechung BVerwGE 51, 268 (275); 55, 8 (11).

[453] *Bier*, in: Schoch/Schmidt-Aßmann/Pietzner, VwGO, § 65 Rn. 19, 22; daran anschließend *Kopp/Schenke*, VwGO, § 65 Rn. 17.

[454] Die Unmittelbarkeit der Drittbetroffenheit ist ausnahmsweise auch gegeben, wenn Dritte zwar nicht Adressaten der angefochtenen oder erstrebten Verwaltungsakte sind, die Behörde die Anordnung neben den Adressaten des Verwaltungsakts aber auch gegen sie richten will. Allerdings gilt dies in der Praxis aber nur als Ausnahmefall und spielt eine nur nebensächliche Rolle; vgl. *Bier*, in: Schoch/Schmidt-Aßmann/Pietzner, VwGO, § 65 Rn. 18 ff.

[455] Im Normalfall der Nachbarklage, wobei der Nachbar gegen eine dem Bauherrn erteilte Baugenehmigung klagt, ist das eigentliche Ziel der Klage nicht, den Verwaltungsakt im Verhältnis zwischen Kläger (Nachbar) und Beklagtem (Behörde), sondern im Verhältnis zwischen Beklagtem und Drittem (Bauherr) zu beseitigen. Dasselbe gilt auch im umgekehrten Fall, in dem der Bauherr eine Verpflichtungsklage gegen die Behörde erhebt, um eine im Verhältnis zum Nachbarn günstige Rechtslage zu erstreben. Hier ist das eigentliche Ziel des Klägers die Verkürzung der Rechte des Nachbarn. So gesehen ist der Dritte zwar keine Partei i. S. des formellen Parteibegriffs, aber der materiellrechtliche Gegner des Klägers; vgl. *Buhren*, JuS 1976, 512 (513).

[456] *Konrad*, BayVBl. 1982, 481 (486); daran anschließend *Bier*, in: Schoch/Schmidt-Aßmann/Pietzner, VwGO, § 65 Rn. 18 ff.

[457] Die sog. „Verwaltungsakte mit Doppelwirkung" sind diejenigen, die nicht nur dem Adressaten, sondern auch dem Dritten gegenüber wirken. Solche Verwaltungsakte

anerkannt[458]. Eine notwendigen Beiladung ist immer dann gegeben, wenn der Kläger einen Verwaltungsakt anficht, der dem Dritten erteilt worden ist. Dabei ist der Dritte notwendig beizuladen[459]. Der Standardfall dieser Fallgruppe ist folgender:

Ein Bauherr hat von der zuständigen Bauaufsichtsbehörde die baurechtliche Genehmigung für die Bebauung seines Grundstücks erhalten. Erhebt nun ein Nachbar (Kläger) eine Klage gegen den Rechtsträger der Behörde (Beklagten) bzw. gegen die Behörde selbst, um die baurechtliche Genehmigung aufzuheben, ist der Bauherr (Dritter) im Prozess der Anfechtungsklage notwendig beizuladen[460].

In diesem Fall ist der Bauherr materiellrechtlicher Gegner des Klägers und Adressat des aufzuhebenden Verwaltungsaktes. Gewinnt der Nachbar (Kläger) die Klage, wird der Verwaltungsakt, in dem der Beklagte dem Bauherrn die Baugenehmigung erteilt hat, nach § 113 Abs. 1 S. 1 VwGO vom Verwaltungsgericht aufgehoben. Dadurch verliert der Bauherr seine bisherige materielle Rechtsposition. Von dem rein materiellrechtlichen Gesichtspunkt her ist bei ihm diese Betroffenheit genauso stark wie beim Kläger und dem Beklagen. Der Bauherr ist als Dritter und als Adressat des Verwaltungsaktes von der Gerichtsentscheidung unmittelbar betroffen. Ihn am Prozess zu beteiligen, ist in diesem Fall nicht nur aus Gründen der Zweckmäßigkeit geboten, sondern eine Forderung rechtlicher Vernunft[461].

Gleichwohl geht die Rechtsprechung für die Fallgruppe im vorläufigen Rechtsschutz von einer abweichenden Bewertung der Interessenlage aus. In dem oben genannten Falle eines Verfahrens des vorläufigen Rechtsschutzes gemäß § 80 Abs. 5 VwGO gegen die von der Widerspruchsbehörde erlassene

---

begünstigen eine Person und belasten zugleich eine andere Person, wobei sich beide Wirkungen wechselseitig bedingen. Zum Begriff der Verwaltungsakte mit Doppelwirkung vgl. *Dörffler*, NJW 1963, 14 ff.; *Kopp/Schenke*, VwGO, § 80a Rn. 2.; *Maurer*, Verwaltungsrecht, § 9 Rn. 50.

[458] Vgl. *Bier*, in Schoch/Schmidt-Aßmann/Pietzner, VwGO, § 65 Rn. 19; *Schmidt*, in: Eyermann, VwGO, § 65 Rn. 16; *Kopp/Schenke*, VwGO, § 65 Rn. 17; *Redeker/von Oertzen*, VwGO, § 65 Rn. 9; *Schäfer*, Die Beiladung im Sozialgerichtsverfahren, S. 65; *Schenke*, Verwaltungsprozessrecht, Rn. 470; *Schmitt Glaeser*, Verwaltungsprozessrecht, Rn. 85; *Stern*, Verwaltungsprozessuale Probleme in der öffentlich-rechtlichen Arbeit, Rn. 240; *Ule*, Verwaltungsprozessrecht, § 22 II. 1.; Würtenberger, Verwaltungsprozessrecht, Rn. 226.

[459] *Bier*, in: Schoch/Schmidt-Aßmann/Pietzner, VwGO, § 65 Rn. 19.

[460] BVerwG NVwZ 1993, 166; vgl. in der Literatur *Kopp/Schenke*, VwGO, § 65 Rn. 17; *Redeker/von Oertzen*, VwGO, Rn. 9; *Bier*, in: Schoch/Schmidt-Aßmann/Pietzner, VwGO, § 65 Rn. 19; *Konrad*, BayVBl. 1982, 481 (485).

[461] *Konrad*, BayVBl. 1982, 481 (486).

Anordnung der sofortigen Vollziehung einer Regelung, die einer politischen Partei Wahlsendezeit gewährte, handelt es sich im Ausgangsverfahren um eine Anfechtungsklage gegen einen Verwaltungsakt mit Doppelwirkung. Die begünstigte politische Partei müsste nach dem oben erwähntem Kriterium (Adressateneigenschaft des Verwaltungsaktes) notwendig beigeladen werden. Nach Ansicht des BVerwG ist eine Beiladung der von dieser Regelung begünstigter Partei aber nicht notwendig, sondern nur fakultativ[462].

In einem weiteren Beispiel ging es um die Genehmigung des Baues eines Kompaktlagers für abgebrannte Brennelement. Gegen diese Genehmigung und die von der Verwaltungsbehörde erlassene sofortige Vollziehungsanordnung haben zwei in der Nähe wohnende Bürger den Antrag auf Wiederherstellung der aufschiebenden Wirkung ihrer Klagen gestellt. Obwohl der Betreiber bzw. Hersteller des Kompaktlagers Adressat der angefochtenen Genehmigung und der Anordnung ihrer sofortigen Vollziehung ist und der Fall im Hauptsacheverfahren der typischen Konstellation der Anfechtungsklage gegen Verwaltungsakte mit Doppelwirkung entspricht, wird dennoch die Notwendigkeit einer Beiladung im vorläufigen Rechtsschutz von der Rechtsprechung verneint[463].

Schließlich ist auf ein weiteres Beispiel zu verweisen, bei der von der Rechtsprechung die Notwendigkeit einer Beiladung verneint wurde, obwohl im Hauptsacheverfahren ein Fall einer Anfechtungsklage gegen einen Verwaltungsakt mit Doppelwirkung vorliegt. In diesem Fall hat der Regierungspräsident den Antrag des Landkreises auf Errichtung und Betrieb einer Mülldeponie genehmigt und die sofortige Vollziehung dieses Bescheides angeordnet. Eine Stadt, in deren Gemarkung ein Teil der Deponie lag, erhob eine Anfechtungsklage gegen diese Genehmigung und ersucht um gerichtlichen Rechtsschutz nach § 80 Abs. 5 VwGO. Wiederum wird in der Rechtsprechung die Ansicht vertreten, dass in diesem Verfahren der Landkreis nicht notwendig, sondern nur fakultativ beizuladen ist[464].

#### *(2) Die drittbelastenden Verpflichtungsklagen*

Als eine Fallgruppe der notwendigen Beiladung bei der Verpflichtungsklage[465] werden die Fälle der „drittbelastenden Verpflichtungsklage[466]“ in

---

462 BVerfGE 65, 227 (233) = NJW 1984, 719.

463 VG Karlsruhe ET 1984, 637 ff.

464 Hess. VGH ESVGH 28, 158 (159).

465 Daneben sind auch Verpflichtungsklagen auf Erlass eines mehrstufigen Verwaltungsaktes als Fallgruppe der notwendigen Beiladung anerkannt (vgl. *Bier*, in: Schoch/Schmidt-

Literatur und Rechtsprechung allgemein anerkannt[467]. Diese Fallgruppe liegt vor, wenn der Streitgegenstand der Verpflichtungsklage (das Begehren des Klägers) darauf gerichtet ist, den Beklagten (die zuständige Behörde) zu verpflichten, einen an einen bestimmten Dritten zu richtenden Verwaltungsakt, der diesen belastet, zu erlassen[468]. Das folgende Beispiel gilt als Standardfall dieser Fallgruppe:

Der Nachbar einer baulichen Anlage erhebt eine Verpflichtungsklage gegen die zuständige Behörde, um diese zu verpflichten, eine belastende bauordnungsrechtliche Verfügung gegenüber dem Eigentümer der Anlage zu erlassen. Der Eigentümer der Anlage ist in Verpflichtungsverfahren notwendig beizuladen.

Hierzu hat das BVerwG ausgeführt:

> „Auch wo es sich um Ansprüche auf ein hoheitliches Tun handelt, das einem Dritten gegenüber gefordert wird, also das Recht oder die Pflicht des Dritten Gegenstand des Anspruchs des Klägers ist, wird eine notwendige Beiladung anzunehmen sein[469]".

Dessen ungeachtet wird eine Beiladung des Adressaten des zu erlassenden Verwaltungsaktes in Verfahren des vorläufigen Rechtsschutzes von der Rechtsprechung nicht für notwendig, sondern nur für fakultativ gehalten. In dem schon oben genannten Fall[470] hat der Nachbar einer Firma gemäß § 80 Abs. 2 S. 1 Nr. 4 VwGO den Antrag gestellt, die sofortige Vollziehung eines die Firma belastenden Verwaltungsakt anzuordnen. Der hessische VGH beschloss, diese beizuladen, „weil ihre rechtlichen Interessen berührt werden (§ 65 Abs. 1

---

Aßmann/Pietzner, VwGO, § 65 Rn. 23; *Schmidt*, in: Eyermann, VwGO, § 65 Rn. 20; *Konrad*, BayVBl. 1982, 481 (518); *Kopp/Schenke*, VwGO, § 65 Rn. 18c f.; *Redeker/von Oertzen*, VwGO, § 65 Rn. 9; *Würtenberger*, Verwaltungsprozessrecht, Rn. 228). Dabei muss der andere Rechtsträger bzw. dessen Behörde, soweit das Landesrecht dies gem. § 61 Nr. 3 VwGO bestimmt, notwendig beigeladen werden. Soweit ersichtlich liegt zu dieser Fallgruppe bisher noch keine Rechtsprechung zum vorläufigen Rechtsschutz vor.

466 *Würtenberger*, Verwaltungsprozessrecht, Rn. 227.

467 Vgl. BVerwGE 24, 343 (348); 51, 6; BVerwG NJW 1993, 79; vgl. aus der Literatur *Bier*, in: Schoch/Schmidt-Aßmann/Pietzner, VwGO, § 65 Rn. 22; *Konrad*, BayVBl. 1982, 481 (517); *Würtenberger*, Verwaltungsprozessrecht, Rn. 227; a. A. aber *Grunsky*, Grundlagen des Verfahrensrechts, S. 292, der den Dritten als den Adressaten des erstrebten Verwaltungsaktes durch eine Anfechtungsklage gegen den zu erlassenden Verwaltungsakt schützen möchte.

468 *Bier*, in: Schoch/Schmidt-Aßmann/Pietzner, VwGO, § 65 Rn. 22.

469 BVerwGE 24, 343 (348); ebenfalls BVerwG NJW 1993, 79.

470 Siehe oben III. 1. a).

VwGO)"[471]. Dabei wurde offensichtlich nur von einer einfachen Beiladung ausgegangen.

### ee) Ergebnis

Im regulären Hauptsacheverfahren ist das Rechtsinstitut der notwendigen Beiladung durch den Grundsatz rechtlichen Gehörs gemäß Art. 103 Abs. 1 GG zwingend geboten. Dort, wo über Rechte Dritter entschieden wird, muss diesen eine Gelegenheit gegeben werden, sich am Verfahren zu beteiligen und ihre Rechte zu verteidigen[472]. Komplizierter stellt sich die Situation im vorläufigen Rechtsschutz dar. Da eine Beteiligung Dritter tendenziell zu einer Verzögerung des Verfahrens führt, besteht hier ein Zielkonflikt zwischen Art. 19 Abs. 4 GG, der auf eine rasche Entscheidung drängt, und Art. 103 Abs. 1 GG, der eine vorherige Anhörung der Drittbetroffenen gebietet. Bei der Auflösung dieses Spannungsfeldes räumt die Rechtsprechung Art. 19 Abs. 4 GG den Vorrang ein. Konsequente Folge dieser Auffassung ist, dass in den Fällen, in denen im regulären Hauptsacheverfahren von einer notwendigen Beiladung ausgegangen wird, im vorläufigen Rechtsschutz nur ein Fall der einfachen Beiladung vorliegt[473]. Der Weg, sowohl im Hauptsacheverfahren wie im vorläufigen Rechtsschutz einheitlich von einer notwendigen Beiladung auszugehen, erweist sich dagegen nicht als gangbar. Da nach h. M. eine Gerichtsentscheidung, die ohne Beteiligung des notwendig Beizuladenden ergangen ist, unwirksam ist[474], müsste der betroffene Dritte in jedem Fall zunächst beigeladen werden, bevor die vom Gebot der Rechtsschutzeffektivität geforderte Entscheidung ergehen könnte. Im Ergebnis stünde die Wirksamkeit des vorläufigen Rechtsschutzes also unter einem „Beiladungsvorbehalt". Wird in der Rechtsprechung deshalb im vorläufigen Rechtsschutz einheitlich von einer einfachen Beiladung ausgegangen, lässt sich dieser Position freilich entgegenhalten, sie trage der durch Art. 103 Abs. 1 GG ebenfalls verfassungsrechtlich abgesicherten Rechtsstellung des Dritten nicht hinreichend Rechnung. Dieser Einwand erscheint um so mehr berechtigt, als in der verwaltungsgerichtlichen Praxis der vorläufige Rechtsschutz vielfach faktisch an die Stelle des regulären Hauptsacheverfahren getreten ist[475]. In diesen Fällen zeichnet sich zunächst die

---

[471] Hessischer VGH DVBl 1972, 585.

[472] Siehe oben II. 4. c).

[473] Siehe oben III. 6. c) dd).

[474] Siehe oben II. 4. a) bb) (2).

[475] Siehe oben III. 3. e) aa) (1).

Gefahr ab, dass hier die Interessen des Dritten einseitig zugunsten der Rechtsschutzeffektivität zurücktreten müssen.

Wie im folgenden zu zeigen ist, lässt sich diesen Einwänden aber in einer dogmatisch befriedigenden Weise im Rahmen einer durch Art. 103 Abs. 1 GG geleiteten Ausübung des Beiladungsermessens sowie des Abänderungsverfahrens gemäß § 80 Abs. 7 VwGO Rechnung tragen[476].

## 7. Gesichtspunkte für die Ausübung des Beiladungsermessens im Rahmen des vorläufigen Rechtsschutzes

Aus den oben genannten Gründen verbietet sich eine unkritische Anknüpfung an die für das Beiladungsermessen im regulären Hauptsacheverfahren geltenden Grundsätze. Aufgrund des Zeitfaktors, der auf eine Eilentscheidung aufdrängt, lässt der vorläufige Rechtsschutz dem Verwaltungsgericht im Grundsatz weniger Raum für eine Beiladung Drittbetroffener. Diese dürfen nur beiladen werden, soweit nicht eine besondere Eilbedürftigkeit besteht[477].

Ist nicht von einer derartigen Eilbedürftigkeit auszugehen, kann unter prozessökonomischen Gesichtspunkten und zur Sicherung der Akzeptanz der Entscheidung im vorläufigen Rechtsschutz sogar eine eher großzügige Ausübung des Beiladungsermessnes geboten sein. Akzeptanz für die vom Verwaltungsgericht zu treffende Entscheidung lässt sich im Regelfall nur sicherstellen, sofern die von der Entscheidung Betroffenen die Gelegenheit erhalten, sich aktiv am Verfahren zu beteiligen[478].

Gelingt es auf diese Weise bereits im vorläufigen Rechtsschutz zu einer allseits akzeptanzfähigen Entscheidung zu kommen, wird der Mehraufwand und die zeitliche Verzögerung im Verfahren des vorläufigen Rechtsschutzes durch den Verzicht auf ein unter Umständen langes und aufwendiges Hauptsacheverfahren mehr als überkompensiert.

Ebenfalls stellt sich die Situation in den Fällen dar, in denen für das Hauptsacheverfahren von einer notwendigen Beiladung auszugehen ist. Vor allem dort, wo die Entscheidung im vorläufigen Rechtsschutz faktisch an die Stelle des regulären Hauptsacheverfahren tritt, reduziert sich mit Blick auf Art. 103 Abs. 1 GG das Beiladungsermessen praktisch auf null. Hier kann nur dann von einer einfachen Beiladung abgesehen werden, sofern die mit einer Beiladung verbundene Verfahrensverzögerung den gemäß Art. 19 Abs. 4 GG

---

[476] Siehe unten III. 7 und 8.

[477] Siehe oben III. 4.

[478] Dazu ausführlich siehe oben III. 3. e) bb).

gebotenen Rechtsschutz vereilten würde. Wie gleich im Anschluss zu zeigen ist[479], lässt sich aber auch in diesen Fällen noch eine angemessene Verfahrensbeteiligung des zunächst nicht berücksichtigten Dritten sicherstellen. Möglich ist dies im Rahmen des gerichtlichen Abänderungsverfahrens gemäß § 80 Abs. 7 VwGO.

### 8. Gerichtliches Abänderungsverfahren als Nachverfahren zur Nachholung des gerichtlichen Gehörs Dritter

Wie oben bereits ausgeführt[480], kann im vorläufigen Rechtsschutz in Eilfällen mit Rücksicht auf das Gebot effektiven Rechtsschutzes (Art. 19 Abs. 4 GG) zunächst von rechtlichem Gehör abgesehen werden. Allerdings darf keine endgültige Entscheidung über den Streitgegenstand getroffen werden, bevor das rechtliche Gehör des Dritten im Hauptsacheverfahren nachgeholt wird. Da in der gerichtlichen Praxis die gerichtliche Entscheidung im vorläufigen Rechtsschutz vielfach de facto zu einer endgültigen Entscheidung führt und das Hauptsache-verfahren nicht weiter fortgeführt wird[481], droht so das rechtliche Gehör Dritter praktisch ins Leere zu laufen. Dies ist besonders problematisch, wenn der Dritte im Hauptsacheverfahren notwendig beizuladen und sein rechtliches Gehör verfassungsrechtlich geboten ist[482].

Eine denkbare Lösung, diesen Konflikt zwischen Art. 19 Abs. 4 GG und Art. 103 Abs. 1 GG im Sinne praktischer Konkordanz, d.h. durch eine ausgewogene Berücksichtigung beider Belange aufzulösen, besteht darin, das gerichtliche Abänderungsverfahren als Nachverfahren zur Nachholung des gerichtlichen Gehörs Dritter zu nutzen.

Das gerichtliche Abänderungsverfahren wird in § 80 Abs. 7 VwGO geregelt. Nach § 80 Abs. 7 S. 1 VwGO kann das Gericht der Hauptsache von Amts wegen Beschlüsse über Anträge nach § 80 Abs. 5 VwGO jederzeit ändern oder aufheben[483]. Das Abänderungsverfahren ist dem Aussetzungsverfahren (§ 80

[479] Siehe unten III. 8.

[480] Siehe oben III. 3. e) aa) (2) (b).

[481] Siehe oben III. 3. e) aa) (1).

[482] Siehe oben II. 4. c).

[483] Nach § 80 Abs. 7 S. 2 VwGO kann die Änderung oder Aufhebung auch von jedem Beteiligten wegen veränderter oder im ursprünglichen Verfahren ohne Verschulden nicht geltend gemachter Umstände beantragt werden. Wer im vorläufigen Rechtsschutz nicht beigeladen wurde, kann diesen Antrag jedoch nicht stellen, da er am vorherigen Aussetzungsverfahren nicht teilgenommen hat und daher nicht „Beteiligter" im Sinne des § 80 Abs. 7 S. 2 VwGO ist; zur Frage der Antragsbefugnis eines Abänderungsverfahrens vgl.

Abs. 5 VwGO) gegenüber ein neues selbständiges Verfahren[484], dessen Gegenstand die Neuregelung der Vollziehbarkeit des Verwaltungsaktes für die Zukunft in einem von dem ergangenen Beschluss abweichenden Sinn ist[485]. § 80 Abs. 7 S. 1 VwGO räumt dem Gericht die notwendige Flexibilität ein, um veränderten Umständen und neuen Erkenntnissen bei der Gewährung vorläufigen Rechtsschutzes Rechnung tragen zu können[486]. Damit dient das gerichtliche Abänderungsverfahren der Verfolgung der materiellen Gerechtigkeit und der inhaltlichen Richtigkeit der Entscheidungen im vorläufigen Rechtsschutz[487].

Das obige Problem kann mit Hilfe des Abänderungsverfahrens gelöst werden. Von der Gewährung rechtlichen Gehörs Dritter im Aussetzungsverfahren gemäß § 80 Abs. 5 VwGO kann in Eilfällen zwar zunächst aus Gründen effektiven Rechtsschutzes abgesehen werden. Dieses ist im Abänderungsverfahren aber nachzuholen. Liegen unter Berücksichtigung des Sach- und Rechtsvortrages des einfach Beigeladenen die Voraussetzungen für eine positive Entscheidung des Abänderungsverfahrens vor[488], ist die zuvor im Aussetzungsverfahren getroffene Entscheidung aufzuheben oder teilweise zu ändern. Dadurch kann nicht nur das rechtliche Gehör Dritter gewährleistet, sondern auch das Fehlentscheidungsrisiko, das hauptsächlich durch den erhöhten Zeitdruck bedingt ist[489], reduziert werden[490]. Zusammenfassend ist das

---

*Kopp/Schenke*, VwGO, § 80 Rn. 225: „Bisher nicht am Verfahren Beteiligte können den Antrag nicht stellen bzw. müssen zuvor ihre Beiladung erreichen"; ebenfalls *Bosch/Schmidt*, Einführung, § 54 II. 3. b); *Pietzner/Ronellenfitsch*, Assessorexamen, § 58 Rn. 44; *Schoch*, in: Schoch/Schmidt-Aßmann/Pietzner, VwGO, § 80 Rn. 386.

484 *Bosch/Schmidt*, Einführung, § 54 II. 1.; *Kopp/Schenke*, VwGO, § 80 Rn. 224; *Schoch*, in: Schoch/Schmidt-Aßmann/Pietzner, VwGO, § 80 Rn. 373; aus der Rechtsprechung VGH München BayVBl 1985, 407.

485 VGH München DVBl. 1982, 210 (212); OVG Lüneburg DÖV 1985, 72; VGH Mannheim DÖV 1996, 839; vgl. *Kopp/Schenke*, VwGO, § 80 Rn. 224 m. w. N.

486 *Würtenberger*, Verwaltungsprozessrecht, Rn. 535; *Schoch*, in: Schoch/Schmidt-Aßmann/Pietzner, VwGO, § 80 Rn. 372.

487 *Schoch*, in: Schoch/Schmidt-Aßmann/Pietzner, VwGO, § 80 Rn. 375.

488 Zu den Voraussetzungen der positiven Entscheidung eines Abänderungsverfahrens vgl. *Kopp/Schenke*, VwGO, § 80 Rn. 218; *Schoch*, in: Schoch/Schmidt-Aßmann/Pietzner, VwGO, § 80 Rn. 385.

489 Die anderen rechtlichen und tatsächlichen Bedingungen sind z.B. die nur summarische Prüfung der Sach- und Rechtslage und die bloße Glaubhaftmachung des Sachverhaltes, vgl. *Schoch*, in: Schoch/Schmidt-Aßmann/Pietzner, VwGO, Vorb § 80 Rn. 37.

Abänderungsverfahren also dann geboten, soweit der Dritte im Hauptsacheverfahren notwendig beizuladen ist und von seiner Beiladung im vorläufigen Rechtsschutz zunächst mit Rücksicht auf das Gebot der Rechtsschutzeffektivität abgesehen wurde. In diesen Fällen muss das Verwaltungsgericht gemäß § 80 Abs. 7 S. 1 VwGO von Amts wegen ein Abänderungsverfahren eröffnen und den Drittbetroffenen beiladen.

[490] Zur Verteilung und Minimierung des Fehlentscheidungsrisikos als Rechtsschutzziel des vorläufigen Rechtsschutzes vgl. *Grunsky*, ZZP 85 (1972), 359 (360 f.); *Schoch*, Vorläufiger Rechtsschutz und Risikoverteilung im Verwaltungsrecht, S. 899 ff. und 947 ff.

# Thesenartige Zusammenfassung

## A. Aufriss der Problematik

1. In der verwaltungsgerichtlichen Praxis ist ein stetiger Bedeutungszuwachs des vorläufigen Rechtsschutzes zu verzeichnen, der Folge der überlangen Dauer verwaltungsgerichtlicher Hauptsacheverfahren ist. Dabei tritt die Entscheidung im vorläufigen Rechtsschutz in vielen Fälle an die Stelle der regulären Hauptsacheentscheidung, weil diese entweder nicht mehr abgewartet werden kann oder die weitere Verfolgung des Verfahrens nach einer Niederlage im vorläufigen Rechtsschutz aussichtslos erscheint.

2. Im Zuge der Subjektivierung der Rechtsordnung hat auch das Institut der Beiladung an Bedeutung gewonnen. Funktion der Beiladung ist es, den Kreis der Verfahrensbeteiligten über den Kreis der Hauptbeteiligten hinaus auszuweiten. Geboten erscheint dies, weil – etwa in der Anfechtungssituation – durch die verwaltungsgerichtliche Entscheidung nicht nur der Adressat des Verwaltungsaktes und die erlassende Behörde, sondern vielfach auch Dritte in ihren rechtlich geschützten Interessen oder sogar in subjektiven Rechten berührt sind.

3. Ungeachtet der Parallelität beider Entwicklungen ist die Problematik der Beiladung im vorläufigen Rechtsschutz bisher weder in der Rechtsprechung noch in der Literatur hinreichend dogmatisch verarbeitet worden.

## B. Bislang ungeklärte Fragen der Beiladung im vorläufigen Rechtsschutz

4. So sind Rechtsprechung und Literatur bislang eine Antwort auf die Frage schuldig geblieben, ob die Beiladung überhaupt in den Verfahren des vorläufigen Rechtsschutzes anwendbar ist und welchen Zwecken sie dient.

5. Ebenso wenig ist bislang geklärt, in welchem Verhältnis die Beiladung im Hauptsacheverfahren zum vorläufigen Rechtsschutz steht. Hierzu wird in der Regel die Auffassung vertreten, dass einem Beiladungsbeschluss im Hauptsache-verfahren zugleich Wirkung für den vorläufigen Rechtsschutz zukommt.

6. Die mittlerweile überwiegende Meinung will auch in den Fällen, in denen Dritte im Hauptsacheverfahren notwendig beizuladen sind, lediglich von einer einfachen Beiladung ausgehen. Dabei bleibt bislang offen, wie dies mit dem Grundsatz des rechtlichen Gehörs zu vereinbaren ist, der gemäß Art. 103 Abs. 1 GG Verfassungsrang genießt und verlangt, diejenigen in ein gerichtliches Verfahren einzubeziehen, die von der Entscheidung in ihren subjektiven Rechten berührt sind.

## C. Lösungsansätze

### I. Anwendung und Teleologie der Beiladung im vorläufigen Rechtsschutz

7. Die Beiladungsvorschriften des § 65 VwGO sind grundsätzlich auch im vorläufigen Rechtsschutz anwendbar. Dies wird vor allem durch die systematische Stellung der Vorschrift im 7. Abschnitt der VwGO nahe gelegt, der mit „Allgemeine Vorschriften" überschrieben ist.

8. Den vom Gesetzgeber verfolgten Zwecken der Beiladung kommt im Grundsatz auch im vorläufigen Rechtsschutz Beachtung zu. Die Verfahrenszwecke der Beiladung werden im vorläufigen Rechtsschutz allerdings durch das Zeitmoment modifiziert, das hier deutlich stärker als im Hauptsacheverfahren auf eine zügige Entscheidung drängt.

9. Der Kreis der Verfahrenszwecke, die bisher allein anhand des regulären Hauptsacheverfahrens entwickelt wurden, ist um den der Akzeptanzsicherung zu erweitern. Diesem kommt gerade im vorläufigen Rechtsschutz ein besonderer Stellenwert zu.

10. Verwaltungsgerichtliche Entscheidungen stoßen in aller Regel nur dann auf die Akzeptanz der Betroffenen, wenn diese in das Verfahren einbezogen wurden. Dies kann gerade im vorläufigen Rechtsschutz eine Beiladung geboten erscheinen lassen, um bereits in diesem Verfahrensstadium zu einer akzeptanzfähigen Entscheidung zu kommen, die ein weiteres, zeit- und kostenaufwendiges Hauptsacheverfahren überflüssig macht.

### II. Notwendigkeit einer eigenständigen Beiladung im vorläufigen Rechtsschutz

11. Dem vorläufigen Rechtsschutz kommt gegenüber dem Hauptsacheverfahren rechtliche Selbstständigkeit zu. Beide Verfahren unterscheiden sich nicht nur hinsichtlich des Streitgegenstandes, sondern auch hinsichtlich der anzuwendenden Entscheidungsmaßstäbe.

12. Diese rechtliche Qualifizierung kann nicht ohne Konsequenzen für die Frage nach der Notwendigkeit eines gesonderten Beiladungsbeschlusses bleiben. Wenn beide Verfahren unterschiedliche rechtliche Ziele verfolgen, erscheint es wenig folgerichtig, der in einem Verfahrensabschnitt getroffenen Entscheidung über eine Beiladung auch für den folgenden, sich anschließenden Verfahrensabschnitt Wirkung beizumessen.

13. Über die Frage einer Beiladung ist damit im Hauptsache- und im Verfahren des vorläufigen Rechtsschutzes gesondert Beschluss zu fassen. Dabei kommt weder einer bereits ergangenen Entscheidung im vorläufigen Rechtsschutz noch einem im Hauptsacheverfahren getroffenen Beschluss über die Beiladung eine Präjudizwirkung für den anderen Verfahrensabschnitt zu.

## III. Die Problematik der „notwendigen Beiladung" im vorläufigen Rechtsschutz

14. Die Entscheidung über die Beiladung solcher Drittbetroffener, die im Hauptsacheverfahren notwendig beizuladen sind, bewegt sich im Spannungsfeld zwischen dem Grundsatz der Rechtsschutzeffektivität und dem Grundsatz des rechtlichen Gehörs.

15. Hier kann es der Grundsatz der Rechtsschutzeffektivität nahe legen, von einer Beiladung abzusehen, um so eine unverzügliche Entscheidung im vorläufigen Rechtsschutz zu ermöglichen. Auf der anderen Seite streitet der Grundsatz des rechtlichen Gehörs dafür, diesen Verfahrensaufwand in Kauf zu nehmen, um die Entscheidung nicht über den Kopf derjenigen hinweg zu treffen, die von ihr in gleicher Weise wie die Hauptbeteiligten berührt sind.

16. Die bislang ganz h. M. löst diesen Konflikt einseitig zugunsten der Rechtsschutzeffektivität auf. Hierzu werden die im Hauptsacheverfahren anerkannten Fallgruppen der notwendigen Beiladung im vorläufigen Rechtsschutz zur einfachen Beiladung umqualifiziert. Damit kann die Entscheidung im vorläufigen Rechtsschutz ergehen, ohne den Dritten in das Verfahren einzubeziehen, was bei einer Anwendung der Vorschriften über die notwendig Beiladung zwingend geboten wäre und zu einer korrespondierenden Verzögerung der Entscheidung führen müsste.

17. Nach der hier vertretenen Auffassung ist die von der h. M. vertretene Position grundsätzlich zu billigen, bedarf aber einer Modifikation, um dem Anspruch auf rechtliches Gehör Drittbetroffener in ausreichendem Maße Rechnung zu tragen. Hierfür spricht insbesondere die Entwicklungsgeschichte der Beiladung, verdankt das Institut doch seine Entstehung dem Anliegen, die Rechtsstellung Drittbetroffener durch deren Einbeziehung in das Verfahren zu schützen.

18. Im Einklang mit der h. M. ist der Anwendungsbereich der notwendigen Beiladung auf das Hauptsacheverfahren beschränkt. In den Fallgruppen, in denen im Hauptsacheverfahren die Notwendigkeit der Beiladung anerkannt ist, liegt im vorläufigen Rechtsschutz lediglich ein Fall der einfachen Beiladung vor.

19. In der letztgenannten Konstellation lässt sich der verfassungsrechtlich gebotenen Grundsatz des rechtlichen Gehörs durch eine Reduktion des Beiladungsermessens im vorläufigen Rechtsschutz berücksichtigen. Demnach ist das Gericht grundsätzlich zu einer einfachen Beiladung verpflichtet. Abgesehen werden kann von einer Beiladung lediglich, sofern andernfalls die Effektivität des Rechtsschutzes ernsthaft gefährdet wäre.

20. Auch in diesem Fall bleibt das rechtliche Gehör des Drittbetroffenen nicht dauerhaft unberücksichtigt. Vielmehr hat das Gericht von Amts wegen ein

Abänderungsverfahren gem. § 80 Abs. 7 VwGO einzuleiten, zu dem der Drittbetroffene beigeladen wird und in dessen Rahmen ihm rechtliches Gehör zu gewähren ist.

21. Im Unterschied zu der bislang vertretenen Auffassung, die einseitig den Grundsatz der Rechtsschutzeffektivität des Art. 19 Abs. 4 GG betont, führt die hier vertretene Position so zu einer Lösung, die den Belangen des Antragstellers im vorläufigen Rechtsschutz gerecht wird, ohne dabei das rechtliche Gehörs des im Hauptsacheverfahren notwendig beizuladenden dauerhaft zu missachten.

## Literaturverzeichnis

*Bachof*, Otto: Anmerkung zu HessVGH Urt. v. 10. 02. 1950 - O. S. 210/49, MDR 1950, 375 ff.

- Die Beiladung nach dem Gesetz über die Verwaltungsgerichtsbarkeit der amerikanisch besetzten Zone Deutschlands, DÖV 1949, 364 ff.

*Badura*, Peter: Staatsrecht, Systematische Erläuterung des Grundgesetzes für die Bundesrepublik Deutschland, 2. Auflage, München 1996 (zit.: *Badura*, Staatsrecht)

*Bauer*, Wilhelm: Die Beiladung nach dem Gesetz über die Verwaltungsgerichtsbarkeit der amerikanisch besetzten Zone Deutschlands, DÖV 1949, 189 ff. und 226 ff.

*Baumbach*, Adolf/*Lauterbach*, Wolfgang/*Albers*, Jan/*Hartmann*, Peter: Zivilprozessordnung, 59. Auflage, München 2001 (zit.: *Bearbeiter*, in: Baumbach/Lauterbach/Albers/Hartmann, ZPO)

*Benda*, Ernst: Akzeptanz als Bedingung demokratischer Legitimität? Bonn 1988

- Zur gesellschaftlichen Akzeptanz verwaltungs- und verfassungsgerichtlicher Entscheidungen, DÖV 1983, 305 ff.

*Bettermann*, Karl August: Anmerkung zu BVerwG Urt. v. 22. 09. 1966, MDR 1967, 951 f.

- Anmerkung zu BVerwG Beschl. v. 12. 03. 1982, DVBl. 1982, 954 ff.
- Die Vollstreckung des Zivilurteils in den Grenzen seiner Rechtskraft, Hamburg 1948
- Streitgenossenschaft, Beiladung, Nebenintervention und Streitverkündung, ZZP Bd. 90 (1977), 121 ff.
- Über die Beiladung im Verwaltungsstreitverfahren oder vom Nutzen der Prozessvergleichung und einer allgemeinen Prozessrechtslehre, DVBl. 1951, 39 ff. u. 72 ff.

*Bichler*, Hans Wolfgang: Die notwendige Beiladung, Frankfurt a. M. 1966

*Bickel*, Heribert/*Meyer*, Karl-Friedrich: Begleitende Verwaltungskontrolle – Eine Alternative zum nachträglichen Verwaltungsrechtsschutz? in: Rüthers/Stern (Hg.), Freiheit und Verantwortung im Verfassungsstaat, S. 67 ff., München 1984

*Bier*, Wolfgang: Kommentierung zu § 65 VwGO, in: Schoch, Friedrich/Schmidt-Aßmann, Eberhard/Pietzner, Rainer, Verwaltungsgerichtsordnung,

Kommentar, Loseblatt – 5. Lieferung, Stand Jan. 2000, München (zit.: *Bier*, in: Schoch/Schmidt-Aßmann/Pietzner, VwGO, § 65)

*Bleckmann*, Albert: Staatsrecht I - Staatsorganisationsrecht, Köln/Berlin/Bonn/ München 1993

*Bosch*, Edgar/*Schmidt*, Jörg: Praktische Einführung in das verwaltungsgerichtliche Verfahren, 6. Auflage, Stuttgart/Berlin/Köln 1996 (zit.: *Bosch/ Schmidt*, Einführung)

*Brand*, Karl-Werner, Neue soziale Bewegungen in Westeuropa und den USA, Frankfurt/New York 1985

*von Brauchitsch*, Max: Verwaltungsgesetze, Kommentar, 1. Bd., 22. Auflage, Berlin 1918

- Verwaltungsgesetze für Preußen, 1. Bd., 24. Auflage, Berlin 1930

*Brocke*, Erwin: Der Sozialrichter, Grundriss des Verfahrensrechts der Sozialgerichtsbarkeit, Berlin 1956

*Brox*, Hans: Der Schutz der Rechte Dritter bei zivilgerichtlichen Gestaltungsurteilen, in: FamRZ 1963, 392 ff.

*Brühl*, Raimund: Vorläufiger Rechtsschutz im Verwaltungsstreitverfahren, JuS 1995, 627 ff.

*Buermeyer*, Volker: Rechtsschutzgarantie und Gerichtsverfahrensrecht - Zur Vereinbarkeit rechtlicher und faktischer Erschwernisse in den verwaltungsgerichtlichen Verfahrensordnungen mit Art. 19 Abs. 4 S. 1 GG, Köln/ Berlin/Bonn/München 1975

*Buhren*, Gert: Probleme der notwendigen Beiladung im Verwaltungsprozess, JuS 1976, 512 ff.

*Bulling*, Manfred: Kooperatives Verwaltungshandeln (Vorverhandlungen, Arrangements, Agreements und Verträge) in der Verwaltungspraxis, DÖV 1989, 277 ff.

*Bullinger*, Martin: Beschleunigte Genehmigungsverfahren für eilbedürftige Vorhaben, ein Beitrag zur zeitlichen Harmonisierung von Verwaltung, Wirtschaft und Gesellschaft, Baden-Baden 1991

*Buschmann*, Walter: Kein Vertrauen mehr in die Justiz?, RiA 1984, 222 ff.

*Canaris*, Claus-Wilhelm: Die Feststellung von Lücken im Gesetz, 2. Auflage, Berlin 1983

*Dienes*, *Karsten*: Beiladung im Normenkontrollverfahren gemäß § 47 VwGO, DVBl. 1980, 672 ff.

*von Doemming*, Klaus-Berto/*Füsslein*, Rudolf Werner/*Matz*, Werner: in: Leibholz/von Mangoldt (Hg.), Jahrbuch des öffentlichen Rechts der Gegenwart, Neue Folge Bd. I, Tübingen 1951

*Dolde*, Klaus-Peter: Kommentierung zu § 68 VwGO, in: Schoch, Friedrich/ Schmidt-Aßmann, Eberhard/Pietzner, Rainer, Verwaltungsgerichtsordnung, Kommentar, Loseblatt – 5. Lieferung, Stand Jan. 2000, München (zit.: *Dolde*, in: Schoch/Schmidt-Aßmann/Pietzner, VwGO, § 68)

*Dörffler*, Wolfgang: Verwaltungsakt mit Drittwirkung, NJW 1963, 14 ff.

*Dressel*, Carl-Christian H.: Gedanken zur Reform des vorläufigen Rechtsschutzes der VwGO, Perspektiven jenseits der 4. VwGO-Novelle, BayVBl. 1995, 388 ff.

*Dürig*, Günter: Gesammelte Schriften, Berlin 1984

- Kommentierung zu Art. 1 Abs. 1 GG, in: Maunz, Theodor/Dürig, Günter/ Herzog, Roman/Scholz, Rupert, Grundgesetz, Kommentar, Bd. 1, Loseblatt – 37. Lieferung, Stand Aug. 2000, München (zit.: *Dürig*, in: Maunz/Dürig, Komm. zu GG, Art. 1 Abs. 1)

*Ehlers*, Dirk: Die Beiladung im Ausländerprozess, NJW 1975, 2125 ff.

- Die Klagebefugnis nach deutschem, europäischem Gemeinschafts- und U.S.-amerikanischem Recht, VerwArch. 84 (1993), 139 ff.

*Erichsen*, Hans-Uwe/*Klenke*, Reiner: Rechtsfragen der „aufschiebenden Wirkung" des § 80 VwGO, DÖV 1976, 833 ff.

*Finkelnburg*, Klaus/*Jank*, Klaus Peter: Vorläufiger Rechtsschutz im Verwaltungsstreitverfahren, 4. Auflage, München 1998

*Fleiner*, Fritz: Institutionen des Deutschen Verwaltungsrechts, 8. Auflage, Tübingen 1928

*Freytag*, Gerhard: Anmerkung zur vorhergehenden Entscheidung des Hessischen Verwaltungsgerichtshofs, DV 1949, 74 ff.

*Friedrichs*, Karl: Die Besonderheit des preußischen Verwaltungsstreitverfahrens im Verhältnis zu den Verfahren, welche über andere Rechtsstreitigkeiten stattfinden, und ihre Berechtigung, VerwArch. 6 (1898), 358 ff.

*Fromm*, Günther: Standortbestimmungen der Verkehrsbehörde und Finanzverwaltung, BB 1966, 188 ff.

*Gilles*, Peter: Ziviljustiz und Rechtsmittelproblematik, Köln 1992

*Gleim-Egg*, Heidrun: Kommunikative Problembewältigung in Staat und Privatwirtschaft, Speyer 1995

*Goerlich*, Helmut: Vorlagepflicht und Eilverfahren - Bemerkung zu OLG Hamburg, Urteil v. 23. 05. 1980 - 1 U 4/79 Baul. - JZ 1983, 57 ff.

*Goez, Karl*: Die Verwaltungsrechtspflege in Württemberg, Tübingen/Leipzig 1902

*Goldschmidt*, James: Der Prozess als Rechtslage, Berlin 1925

*Gottwald*, Peter: Argumentation im Zivilprozess, ZZP Bd. 93 (1980), 1 ff.

- Kommentierung zu § 327 ZPO, in: Lüke, Gerhard/Wax, Peter (Hg.), Münchener Kommentar zur Zivilprozessordnung, Bd. 1, § 1-354, 2. Auflage, München 2000 (zit.: *Gottwald*, in: MünchKommZPO)

*Grunow*, Dieter: Bürgernahe Verwaltung, Frankfurt/New York 1988

*Grunsky*, Wolfgang: Buchbesprechung: Dieter Leipold, Grundlagen des einstweiligen Rechtsschutzes im Zivil-, verfassungs- und verwaltungsgerichtlichen Verfahren, München 1971, ZZP Bd. 85 (1972), 359 ff.

- Die Veräußerung der streitbefangenen Sache, Tübingen 1968

- Grundlagen des Verfahrensrechts, Eine vergleichende Darstellung von ZPO, FGG; VwGO; FGO und SGG, 2. Auflage, Bielefeld 1974

*Habscheid*, Walther J.: Buchbesprechung: Walter E. Stahl, Beiladung und Nebenintervention, Berlin 1972, ZZP Bd. 86 (1973) 101 ff.

*Henckel*, Wolfram: Parteilehre und Streitgegenstand im Zivilprozess, Heidelberg 1961

- Prozessrecht und materielles Recht, Göttingen 1970

*Herzog*, Roman: Von der Akzeptanz des Rechts, in: Rüthers, Bernd/Stern, Klaus (Hg.), Freiheit und Verantwortung im Verfassungsstaat, S. 127 ff., München 1984

*Hill*, Hermann: Akzeptanz des Rechts - Notwendigkeit eines besseren Politikmanagements, JZ 1988, 377 ff.

- Kommunikative Problembewältigung bei umweltrelevanten Großvorhaben, DÖV 1994, 279 ff.

- Rechtsschutz des Bürgers und Überlastung der Gerichte, JZ 1981, 805 ff.

*Hoebel*, Brigitte/*Seibert*, Ulrich: Bürgerinitiativen und Gemeinwesenarbeit, München 1973

*Hofmann*, Kurt/*Schroeter*, Kurt: Sozialgerichtsgesetz, Handkommentar, Hauptband, 2. Auflage, Berlin/Frankfurt am Main 1957

*Hoffmann*, Roland: Verfahrensgerechtigkeit, Paderborn/München/Wien/Zürich 1992

*Hoffmann-Riem*, Wolfgang: Konfliktmittler in Verwaltungsverhandlungen, Heidelberg 1989

*Hoffmann-Riem*, Wolfgang/*Schmidt-Aßmann*, Eberhard (Hg.): Konfliktbewältigung durch Verhandlung, Bd. I: Informelle und mittlerunterstützte Verhandlungen in Verwaltungsverfahren, Bd. II: Konfliktmittlung in Verwaltungsverfahren, Baden-Baden 1990

*Holznagel*, Bernd: Die Standortfindung von Entsorgungsanlagen im System der Sonderabfallregulierung der Vereinigten Staaten, DVBl. 1989, 1080 ff.

*Hüttenheim*, Walther: Die Beiladung im Verwaltungsstreitverfahren, Würzburg 1910

*Hufen*, Friedhelm: Verwaltungsprozessrecht, 4. Auflage München 2000

*Hufnagl*, Franz: Die Reformen der Verwaltungsgerichtsbarkeit, DV 1949, 60 ff.

*van Husen*, Paulus: Gesetz über die Verwaltungsgerichtsbarkeit in Bayern, Württemberg-Baden und Hessen, Stuttgart 1947 (zit.: *Husen*, VGG)

*Jauernig*, Othmar: Zivilprozessrecht, 25. Auflage, München 1998

*Jellinek*, Georg.: Allgemeine Staatslehre, 3. Auflage, 1914

*Jesch*, Dietrich: Die Bindung des Zivilrichters an Verwaltungsakte, Erlangen 1956

*Joeres*, Ulrich: Die Rechtsstellung des notwendig Beigeladenen im Verwaltungs-streitverfahren, Berlin 1982 (zit.: *Joeres*, Rechtsstellung)

*Kersten*, Eduard: Die Entwicklung und Ausgestaltung der Verwaltungsgerichtsbarkeit, Dissertation Freiburg 1936

*Knemeyer*, Franz-Ludwig: Rechtliches Gehör im Gerichtsverfahren, in: Isensee/Kirchhof (Hg.), Handbuch des Staatsrechts, Bd. 6, 1271 ff., 2. Auflage, Heidelberg 2001 (zit.: *Knemeyer*, in: Isensee/Kirchhof, HbdStR)

*Konrad*, Horst: Die Notwendigkeit der Beiladung im Verwaltungsprozess, BayVBl. 1982, 481 ff. u. 517 ff.

*Kopp*, Ferdinand O.: Änderungen der Verwaltungsgerichtsordnung zum 1. 1. 1991, NJW 1991, 521 ff.

- Individueller Rechtsschutz und öffentliches Interesse in der Verwaltungsgerichtsbarkeit, BayVBl 1980, 263 ff.

*Kopp*, Ferdinand O./*Ramsauer*, Ulrich: Verwaltungsverfahrensgesetz, 7. Auflage, München 2000 (zit.: *Kopp/Ramsauer*, VwVfG)

*Kopp*, Ferdinand O./*Schenke*, Wolf-Rüdiger: Verwaltungsgerichtsordnung, 12. Auflage, München 2000 (zit.: *Kopp/Schenke*, VwGO)

*Krebs*, Walter: Probleme des vorläufigen Rechtsschutzes gegen Schulorganisationsakte, VerwArch. 69 (1978), 231 ff.

*Kunze*, Fritz: Das Verwaltungsstreitverfahren, Berlin 1908

- Die Beiladung im Verwaltungsstreitverfahren, VerwArch. 1 (1893), 198 ff.

*Lammenett*, Hartmut: Nebenintervention, Streitverkündung und Beiladung, Prozessuale Institute der Drittbeteiligung und die Möglichkeit ihrer Angleichung im Zivilprozess und den Verwaltungsstreitverfahren, Diss. jur. Köln 1976 (zit.: *Lammenett*, Nebenintervention)

*Larenz*, Karl: Richterliche Rechtsfortbildung als methodisches Problem, NJW 1965, 1 ff.

*Larenz*, Karl/*Canaris*, Claus-Wilhelm: Methodenlehre der Rechtswissenschaft, 3. Auflage, Berlin/Heidelberg 1995 (zit.: *Larenz/Canaris*, Methodenlehre)

*Lerche*, Peter: Zum „Anspruch auf rechtliches Gehör", ZZP Bd. 78 (1965), 1 ff.

*Lindacher*, Walter F.: Die Streitgenossenschaft, JuS 1986, 379 ff.; 540 ff.

*Linkenheil*, Hermann: Die Beiladung im Verwaltungsstreitverfahren, Diss. jur. Heidelberg 1963 (zit.: *Linkenheil*, Beiladung)

*Loening, Edgar*: Lehrbuch des Deutschen Verwaltungsrechts, Leipzig, 1884

*Lorenz*, Dieter: Der Rechtsschutz des Bürgers und die Rechtsweggarantie, München 1973

- Verwaltungsprozessrecht, Berlin/Heidelberg/New York, 2000

*Lücke*, Manfred: Die Beiladung im sozialgerichtlichen Verfahren, Köln 1961

*Arens*, Peter/*Lüke*, Wolfgang: Zivilprozessrecht, Erkenntnisverfahren, Zwangsvollstreckung, 7. Auflage, München 1999 (zit.: *Arens/Lüke*, Zivilprozessrecht)

*Lüning*, Jann Jakob: Die Entwicklung des Rechtsinstituts der Beiladung im verwaltungsgerichtlichen Verfahren, Kiel 1971 (zit.: *Lüning*, Entwicklung)

*Martens*, Joachim: Streitgenossenschaft und Beiladung, VerwArch. 60 (1969), 195 ff. und 356 ff.

*Maurer*, Hartmut: Allgemeines Verwaltungsrecht, 13. Auflage, München 2000 (zit.: *Maurer*, Verwaltungsrecht)

- Staatsrecht: Grundlagen, Verfassungsorgane, Staatsfunktionen, München 1999

*Mayer-Tasch*, Peter Cornelius: Die Bürgerinitiativbewegung, 5. Auflage, Reinbek bei Hamburg 1985

*Menger*, Christian-Friedrich: Fortgeltung verfahrensrechtlicher Grundsätze des Preußischen Oberverwaltungsgerichts, DVBl. 1950, 696 ff.

*von Mettenheim*, Christoph: Der Grundsatz der Prozessökonomie im Zivilprozess, Berlin 1970

*Meyer, Georg*: Lehrbuch des deutschen Verwaltungsrechtes, Leipzig 1883

*Meyer-Ladewig*, Jens: Kommentierung zu Vorb § 124 VwGO, in: Schoch, Friedrich/Schmidt-Aßmann, Eberhard/Pietzner, Rainer, Verwaltungsgerichtsordnung, Kommentar, Loseblatt – 5. Lieferung, Stand Jan. 2000 München (zit.: *Meyer-Ladewig*, in: Schoch/Schmidt-Aßmann/Pietzner, VwGO, Vorb § 124)

- Sozialgerichtsgesetz, Kommentar, 6. Auflage, München 1998

*Mohrmann*, Georg: Die Beiladung im Verwaltungsstreitverfahren, Dissertation Göttingen 1910

*Morgenbesser*: Die Beiladung (§ 70 LVG), PrVBl. 27, 661 ff.

*Müller*, Elfriede: Die Beiladung im Verwaltungsstreitverfahren, Köln 1955

*Müller*, Horst Joachim: Notwendige Beiladung im Ausländerprozess, NJW 1976, 460 f.

*Müller*, Klaus/*Holst*, Mathias: Raumordnung und Abfallbeseitigung, empirische Untersuchung zu Standortwahl und -durchsetzung von Abfallbeseitigungsanlagen, Heft Nr. 06.065 der Schriftenreihe „Raumordnung" des Bundesministers für Raumordnung, Bauwesen und Städtebau, Bonn 1987

*Müller*, Otto: Die Begriffe der Verwaltungsrechtspflege und des Verwaltungsstreitverfahrens nach preußischem Recht, Berlin 1895 (zit.: *Müller*, Begriffe)

*Müncks*, Hans-Heinz: Die Beiladung im Verwaltungsstreitverfahren, Diss. jur. Mainz 1956

*Mußgnug*, Reinhard: Die Beiladung zum Rechtsstreit um janusköpfige und privatrechtsrelevante Verwaltungsakte, NVwZ 1988, 33 ff.

*Nicklisch*, Fritz: Die Bindung der Gerichte an gestaltende Gerichtsentscheidungen und Verwaltungsakte, Bielefeld 1965 (zit.: *Nicklisch*, Bindung)

*Nottbusch, Claudia*: Die Beiladung im Verwaltungsprozess, Berlin 1995

*Obermayer*, Klaus: Verwaltungsprozessrecht, in: Maunz, Theodor/Obermayer, Klaus/Berg, Wilfried/Knemeyer, Franz-Ludwig: Staats- und Verwaltungsrecht in Bayern, 5. Auflage, München 1988

*Oppermann*: Zur Stellung des Beigeladenen im Verwaltungsstreitverfahren, NJW 1954, 744 ff.

*Paetow*, Stefan: Rechtsprechung zum Verkehrswegeplanungsbeschleunigungsgesetz, DVBl. 1994, 94 ff.

*Pagenkopf*, Martin: Die VwGO-Novelle - Augenmaß und Schlichtheit, DVBl. 1991, 285 ff.

*Pawlowski*, Hans-Martin: Methodenlehre für Juristen, Theorie der Norm und des Gesetzes, 3. Auflage, Heidelberg 1999

*Peters*, Horst/*Sautter*, Theodor/*Wolff*, Richard: Kommentar zur Sozialgerichtsbarkeit, Bd. 1 und 2, 4. Auflage, Stuttgart/Berlin/Köln/Mainz Stand: Juli 1999 (zit.: *Peters/Sautter/Wolff*, Sozialgerichtsbarkeit)

*Pietzner*, Rainer/*Ronellenfitsch*, Michael: Das Assessorexamen im öffentlichen Recht, Widerspruchsverfahren und Verwaltungsprozess, 10. Auflage, Düsseldorf 2000

*Pietzonka*: Der Beigeladene im Verwaltungsstreitverfahren, NJW 1954, 46 ff.; 102

*Pitschas*, Rainer: Der Kampf um Art. 19 IV GG, ZRP 1998, 96 ff.

- Verwaltungsverantwortung und Verwaltungsverfahren, München 1990

*Puttler*, Adelheid: Kommentierung zu § 80 VwGO, in: Sodan, Helge/Ziekow, Jan: Kommentar zur Verwaltungsgerichtsordnung, Bd. 2, 3. Lieferung, Stand Juli 2000, Baden-Baden

*Redeker*, Konrad: Die notwendige Beiladung im Aussetzungsverfahren, DVBl. 1954, 419 ff.

- Die Neugestaltung des vorläufigen Rechtsschutzes in der Verwaltungsgerichtsordnung, NVwZ 1991, 526 ff.

- Strukturänderungen in der Verwaltungsgerichtsbarkeit? NVwZ 1992, 713 ff.

*Redeker*, Konrad/*von Oertzen*, Hans-Joachim: Verwaltungsgerichtsordnung, 13. Auflage, Stuttgart/Berlin/Köln 2000 (zit.: *Redeker/von Oertzen*, VwGO)

*Rehbinder*, Manfred: Fortschritte und Entwicklungstendenzen einer Soziologie der Justiz, Neuwied/Frankfurt 1989

- Rechtssoziologie, 3. Auflage, Berlin/New York 1993

*Reuß*, Hermann: Das Verwaltungsstreitverfahren, nach dem Recht Preußens, Leipzig 1937

*Röhl*, Klaus F.: Procedural Justice: Zur Sozialpsychologie des Verfahrens, in: Hof, Hagen/Kummer, Hans/Weingart, Peter (Hg.), Recht und Verhalten, S. 57 ff., Baden-Baden 1994

- Rechtssoziologie, Köln/Berlin/Bonn/München 1987

*Rohwer-Kahlmann*, Harry: Aufbau und Verfahren der Sozialgerichtsbarkeit, Kommentar zum Sozialgerichtsgesetz, Bd. 1 u. 2, 4. Auflage, einschließl. 37. Lieferung, Stand: Juli 2000, Sankt Augustin (zit.: *Rohwer-Kahlmann*, Sozialgerichtsbarkeit)

*Ronellenfitsch*, Michael, Die Beteiligung Dritter im Normenkontrollverfahren nach § 47 VwGO, VerwArch. 74 (1983), 281 ff.

*Rosenberg*, Leo/*Schwab*, Karl-Heinz/*Gottwald*, Peter: Zivilprozessrecht, 15. Auflage München, 1993 (zit.: *Rosenberg/Schwab/Gottwald*, Zivilprozessrecht)

*Roßmann*, Wolfgang: Die Beiladung im Zivilprozess, Tübingen 1967

*Rüping*, Hinrich: Der Grundsatz der rechtlichen Gehörs und seine Bedeutung im Strafverfahren, Berlin 1976

- Kommentierung zu Art. 103 Abs. 1 GG, in: *Dolzer*, Rudolf/*Vogel*, Klaus (Hg.), Bonner Kommentar zum Grundgesetz, Bd. 8, Art. 92-104, Losebl., 95. Lieferung, Stand: Februar 2001, Heidelberg (zit.: *Rüping*, in: Bonner Kommentar)

*Sarnighausen*, Hans-Cord: Nachbarrechte gegen Unterkünfte für Asylbewerber im öffentlichen Baurecht, NVwZ 1994, 741 ff.

*von Sarwey*, Otto: Das öffentliche Recht und die Verwaltungsrechtspflege, Tübingen 1880

*Schäfer*, Birgit: Die Beiladung im Sozialgerichtsverfahren, Mittel des Rechtsschutzes und der Prozessökonomie, Köln/Berlin/Bonn/München 1983

*Schenke*, Ralf Peter: Der Erledigungsrechtsstreit im Verwaltungsprozess, Berlin 1996

*Schenke*, Wolf-Rüdiger: Kommentierung zu Art. 19 Abs. 4 GG, in: *Dolzer*, Rudolf/*Vogel*, Klaus (Hg.), Bonner Kommentar zum Grundgesetz, Bd. 3, Art. 15-19, Losebl., 95. Lieferung, Stand: Februar 2001, Heidelberg (zit.: *Schenke*, in: Bonner Kommentar)

- Verwaltungsprozessrecht, 7. Auflage, Heidelberg 2000

*Schilken*, Eberhard: Kommentierung zu § 62 ZPO, in: Lüke, Gerhard/Wax, Peter, Münchener Kommentar Zivilprozessordnung, Bd. 1, §§ 1-354, 2. Auflage, München, Stand: 2000 (zit.: *Schilken*, in: MünchKommZPO, § 62)

*Schlosser*, Peter: Einverständliches Parteihandeln im Zivilprozess, Tübingen 1968

- Gestaltungsklagen und Gestaltungsurteile, Bielefeld 1966
- Urteilswirkungen und rechtliches Gehör, JZ 1967, 431 ff.

*Schmidt*, Eicke: Der Zweck des Zivilprozesses und seine Ökonomie - Mit einer Analyse der Rechtssprechung des Bundesgerichtshofs zur sog. Prozessökonomie, Tübingen 1973

*Schmidt*, Jörg: Kommentierung zu §§ 64, 65 und 80 VwGO, in: Eyermann, Verwaltungsgerichtsordnung, 11. Auflage, München 2000 (zit.: *Schmidt*, in: Eyermann, VwGO)

*Schmidt-Aßmann*, Eberhard: Kommentierung zu Art. 19 Abs. 4 GG, in: Maunz, Theodor/Dürig, Günter/Herzog, Roman/Scholz, Rupert, Grundgesetz, Kommentar, Bd. 2, Loseblatt - Stand Juni 1998, München (zit.: *Schmidt-Aßmann*, in: Maunz/Dürig, Komm. zu GG, Art. 19 Abs. 4)

- Kommentierung zu Art. 103 Abs. 1 GG, in: Maunz, Theodor/Dürig, Günter/ Herzog, Roman/Scholz, Rupert, Grundgesetz, Kommentar, Bd. 5, Loseblatt - Stand Juni 1998, München (zit.: *Schmidt-Aßmann*, in: Maunz/Dürig, Komm. zu GG, Art. 103 Abs. 1)

- Verwaltungsverantwortung und Verwaltungsgerichtsbarkeit, VVDStRL 34 (1976), 221 ff.

*Schmidt-Jortzig*, Edzard: Effektiver Rechtsschutz als Kernstück des Rechtsstaatsprinzips nach dem Grundgesetz, NJW 1994, 2569 ff.

*Schmitt*, Walter: Die Beiladung im verwaltungsgerichtlichen Verfahren, NJW 1949, 611 ff.

*Schmitt Glaeser*, Walter/*Horn*, Hans-Detlef: Verwaltungsprozessrecht, 15. Auflage, Stuttgart/München/Hannover/Berlin/Weimar/Dresden 2000

*Schoch*, Friedrich: Grundfragen des verwaltungsgerichtlichen vorläufigen Rechtsschutzes, VerwArch. 82 (1991); 145 ff.

- Kommentierung zu Vorb § 80, §§ 80, 80a und 123 VwGO, in: Schoch, Friedrich/Schmidt-Aßmann, Eberhard/Pietzner, Rainer, Verwaltungsgerichtsordnung, Kommentar, Loseblatt – 5. Lieferung, Stand Jan. 2000 München (zit.: *Schoch*, in: Schoch/Schmidt-Aßmann/Pietzner, VwGO)

- Vorläufiger Rechtsschutz und Risikoverteilung im Verwaltungsrecht, Heidelberg 1988

*Scholler*, Heinrich/*Bross*, Siegfried: Verfassungs- und Verwaltungsprozessrecht, Bonn 1980

*Schroeder-Printzen*, Jörg: Die Beschwer des beigeladenen Sozialleistungsträgers über §§ 102 ff. SGB X. Zugleich ein Beitrag zu Problemen der Beiladung, NVwZ, 1990, 614 ff.

*Schultzenstein*: Besprechung von Johannes *Popitz*, Der Parteibegriff im preußischen Verwaltungsstreitverfahren, VerwArch 15 (1907), 475 ff.

- Die Anordnung des persönliches Erscheins einer Partei in preußischen Verwaltungsstreitverfahren, VerwArch 26 (1918), 131 ff.

- Die Gültigkeit der Entscheidung gegenüber dem Beigeladenen nach dem Landesverwaltungsgesetz, VerwArch. 19 (1911), 1 ff.

- Parteien, Parteifähigkeit und Parteibegriff im Verwaltungsstreitverfahren nach dem Landesverwaltungsgesetze, VerwArch. 12 (1904), 112 ff.

*Schumann*, Ekkehard: Die Prozessökonomie als rechtsethisches Prinzip, in: Festschrift für Larenz, S. 271 ff., München 1973 (zit.: *Schumann*, in: FS für Larenz)

- Kommentierung zu § 265 ZPO, in: Stein/Jonas/Bork, Reinhard/Brehm, Wolfgang/Grunsky, Wolfgang/Leipold, Dieter/Münzberg, Wolfgang/Roth, Herbert/Schlosser, Peter/Schumann, Ekkehard, Kommentar zur Zivilprozessordnung, Bd. 3, §§ 253-299a, 21. Auflage, Tübingen 1997 (zit.: *Schumann*, in: Stein/Jonas/Bearbeiter, ZPO, § 265)

*Schunck*, Egon/*De Clerck*, Hans, Verwaltungsgerichtsordnung mit ergänzenden Bundesgesetzen und den Ausführungsgesetzen der Länder, 3. Auflage, Siegburg 1977 (zit.: *Schunck/De Clerck*, VwGO)

*Selle, Hans Gerhard*: Die Verfahrensbeteiligung des notwendigen Streitgenossen und des notwendig Beigeladenen, Münster, 1976

*Sendler*, Horst: 40 Jahre Rechtsstaat des Grundgesetzes: Mehr Schatten als Licht, DÖV 1989, 482 ff.

*Stahl*, Walter E.: Beiladung und Nebenintervention, Berlin 1972

*Stamm*, Karl-Heinz: Alternative Öffentlichkeit. Die Erfahrungsproduktion neuer sozialer Bewegungen, Frankfurt/New York 1988

*Starck*, Christian: Übermaß an Rechtsstaat?, ZRP 1979, 209 ff.

*Steinberg*, Rudolf/*Albert*, Hans-Jürgen/*Grams*, Carsten/*Scharioth*, Joachim: Zur Beschleunigung des Genehmigungsverfahrens für Industrieanlagen, Baden-Baden 1991

*Stelkens*, Paul: Verwaltungsgerichtsbarkeit in der Krise, DVBl. 1995, 1105 ff

*von Stengel*, Karl Freiherrn: Die Verwaltungsgerichtsbarkeit und die öffentlichen Rechte, VerwArch 3 (1895), 177 ff.

- Organisation der Preußischen Verwaltung, Leipzig 1884 (zit.: *von Stengel*, Organisation)

*Stern*, Klaus: Verwaltungsprozessuale Probleme in der öffentlich-rechtlichen Arbeit, 7. Auflage, München, 1995

*Stettner*, Joachim: Das Verhältnis der notwendigen Beiladung zur notwendigen Streitgenossenschaft im Verwaltungsprozess. Zugleich eine Untersuchung der Fallgruppe notwendiger Streitgenossenschaft, Berlin 1974

*Stober*, Rolf: Beiladung im Verwaltungsprozess, in: Festschrift für Menger, Erichsen, Hans-Uwe/Hoppe, Werner/von Mutius, Albert (Hg.), Köln/Bonn/Berlin/München 1985, S. 401 ff. (zit.: *Stober*, in: FS für Menger)

*Strack*, Alois: Die Beiladung im Sozialgerichtsverfahren, ZfS 1954, 219 f.

*Teplitzky*, Otto: Arrest und einstweilige Verfügung, JuS 1981, 122 ff.

*Tettinger*, Peter J./*Wahrendorf*, Volker: Verwaltungsprozessrecht, Köln/Berlin/Bonn/München, 2000

*Thomas*, Heinz/*Putzo*, Hans: Zivilprozessordnung, 22. Auflage, München, 1999 (zit.: *Thomas/Putzo*, ZPO)

*Trzaskalik*, Christoph: Die Rechtsprechung zum Verwaltungsprozessrecht, JZ 1983, 415 ff.

*Ule*, Carl Hermann: Verwaltungsprozessrecht, 9. Auflage, München 1987

*Ule*, Carl Hermann/*Laubinger*, Hans-Weber: Verwaltungsverfahrensrecht, 4. Auflage, Köln/Berlin/Bonn/München 1995

*Vahle*, Jürgen: Das Eilverfahren in der VwGO, VR 1992, 117 ff.

*Vogg*, Stefan: Einstweilige Feststellungsverfügung?, NJW 1993, 1357 ff.

*Wahl*, Rainer: Kommentierung zu Vorb § 42 Abs. 2 VwGO, in: Schoch, Friedrich/Schmidt-Aßmann, Eberhard/Pietzner, Rainer, Verwaltungsgerichtsordnung, Kommentar, Loseblatt – 5. Lieferung, Stand Jan. 2000, München (zit.: *Wahl*, in: Schoch/Schmidt-Aßmann/Pietzner, VwGO)

*Waldner*, Wolfram: Aktuelle Probleme des rechtlichen Gehörs im Zivilprozess, Erlangen-Nürnberg 1983

*Wassermann*, Rudolf (Hg.): Kommentar zum Grundgesetz für die Bundesrepublik Deutschland, Band 2, Art. 38 – 146, Neuwied 1989

*Weides*, Verwaltungsverfahren und Widerspruchsverfahren, 3. Aufl., 1993

*Wenner*, Ulrich: Grundzüge der Sozialgerichtsbarkeit: Strukturen – Kompetenzen – Verfahren, 2. Auflage, Berlin 1999

*Wiedermann*, Peter Michael/*Femers*, Susanne/*Hennen*, Leonhard: Bürgerbeteiligung bei entsorgungswirtschaftlichen Vorhaben, Berlin 1991

*Wilde*, Klaus: Unterschiedliche Ansichten oberster Gerichtshöfe des Bundes zur unterlassenen notwendigen Beiladung, NJW 1972, 1262 ff. u. 1653

*Wolf*, Manfred: Rechtliches Gehör und die Beteiligung Dritter am Rechtsstreit, JZ 1971, 405 ff.

*Würtenberger*, Thomas: Akzeptanz durch Verwaltungsverfahren, NJW 1991, 257 ff.

- Akzeptanz von Recht und Rechtsfortbildung, in: Peter Eisenmann/Bernd Rill (Hg.), Jurist und Staatsbewusstsein, Heidelberg 1987
- Die Akzeptanz von Verwaltungsentscheidungen, Baden-Baden 1996
- Ökonomische Grenzen der Rechtspflege im Rechtsstaat, in Justizministerium Baden-Württemberg (Hg.), Ist unser Rechtsstaat noch bezahlbar? Stuttgart 1994
- Verwaltungsgerichtsbarkeit, PdW Bd. 24, 2. Auflage, 1995
- Verwaltungsprozessrecht, München 1998
- Zeitgeist und Recht, 2. Auflage, Tübingen 1991

*Zippelius*, Reinhold: Juristische Methodenlehre, 7. Auflage, München 1999

- Allgemeine Staatslehre (Politikwissenschaft), 13. Auflage, München 1999

*Zorn*, Philipp: Kritische Studien zur Verwaltungsgerichtsbarkeit, VerwArch 2 (1894), 74 ff.

Gerhard Ring (Hrsg.)

# Freiberger Symposium zum Gewerblichen Rechtsschutz

**Tagungsband des 3. Freiberger Seminars zur Praxis des Gewerblichen Rechtsschutzes**

Frankfurt/M., Berlin, Bern, Bruxelles, New York, Oxford, Wien, 2002. XIII, 118 S., zahlr. Abb.
Schriften zur Praxis des Gewerblichen Rechtsschutzes.
Herausgegeben von Gerhard Ring. Bd. 2
ISBN 3-631-38656-7 · br. € 25.10*

In einer Einführung werden zunächst die Grundstrukturen der Gerichtsbarkeit für Patentsachen sowie des Einspruchs- und Nichtigkeitsverfahrens über Patente dargestellt. In einem Überblick werden die Dienstleistungen des Deutschen Patent- und Markenamts aufgezeigt. Ein eigenständiger Abschnitt widmet sich der Frage der Patentierung von Software-Erfindungen. Aus Sicht der Beratungspraxis werden Strategien und Möglichkeiten bei der Bekämpfung von Plagiaten vorgestellt. Abschließend werden Ausführungen zu aktuellen Problemen des Patentrechts gemacht.

*Aus dem Inhalt*: Grundstrukturen der Gerichtsbarkeit für Patentsachen · Die Dienstleistungen des Deutschen Patent- und Markenamts · Die Möglichkeit der Patentierung von Software-Erfindungen · Möglichkeiten bei der Bekämpfung von Plagiaten · Aktuelle Probleme des Patentrechts